KB044966

센텐스-빌딩,

영어 회화 정말 잘하고 싶은
사람들에게 권함

영어 문장 쌓기 훈련

센텐스-빌딩, 영어 회화 정말 잘하고 싶은 사람들에게 권함

SENTENCE BUILDING

박광희 지음

사람in
saram in com

영어 학습에도 이제 4차 혁명이 시작됐다!

2016년 말, 〈뉴욕타임스〉에 흥미로운 기사 하나가 실렸어요. 미국 최대의 쇼핑 시즌이라 불리는 블랙프라이데이 때, 아마존닷컴에서 가장 핫하게 팔렸던 아이템에 대한 내용이었지요. 저는 이 기사로 '인공지능(artificial intelligence, AI) 스마트 스피커 아마존 에코(Amazon Echo)'라는 제품을 처음 접하게 되었습니다.

기사를 읽는 순간 '바로 이거야!' 싶었습니다. 영어 말하기 교육에 무언가 새로운 가능성이 펼쳐질 것 같은 기대감이 불끈 솟아올랐기 때문이었죠. 그래서 곧장 해외직구로 아마존 에코와 구글의 AI 스피커인 구글 홈(Google Home)을 구입했습니다. 하지만 기대가 컸던 만큼 실망도 컸습니다. AI 스피커가 제대로 알아듣고 말하는 문장 수 자체가 무척 제한적이었던 데다, 자연스럽게 이어지는 영어 대화는 거의 불가능했거든요. 따라서 AI 스피커를 일반적인 영어 회화에 활용하기란 사실상 불가능했습니다.

AI 스피커를 활용한 새로운 가능성은 의외의 곳에서 발견됐습니다. 바로 '따라 말하기' 기능이었죠. AI 스피커의 따라 말하기 기능을 실행한 뒤 영어 문장을 말하면, 방금 내가 말한 문장을 AI 스피커가 그대로 따라 말합니다. 이때 재미있는 점은 정확히 발음한 영어만 나온다는 거예요. 즉 나의 영어 발음을 실시간으로 피드백해주는 것입니다. 그러므로 학습자 입장에서는 영어 발음에 신경쓰며 말할 수밖에 없게 되지요.

물론 AI 스피커가 없어도 영어 회화를 충분히 잘할 수 있습니다. 저는 오랜 시간 영어 교육산업에 종사했고, 영어 불통자 탈출을 위한 대안을 찾고자 열심히 노력해왔어요. 그러한 노력의 결과가 바로 센텐스-빌딩(sentence building) 훈련, 곧 영어연산훈련(혹은 5칙 영어연산훈련)이었습니다. 이 훈련을 한 사람들 모두 영어 문장 만들기가 체화되어, 우리말로 생각하는 즉시 입에서 영어 문장이 나오는 기적을 보였지요. 하나같이 입을 모아 "인생 영어 공부법을 찾았다"는 말까지 하더군요. 여기에 AI 스피커까지 더한다면 원어민 티칭(native speaker teaching) 없이 발음도 교정되니, 더더욱 금상첨

화라 할 수 있습니다. 게다가 4차 산업혁명 시대에 걸맞은 신개념 영어 학습이기도 하지요.

인류는 농경 시대(1차 산업혁명)에서 시작하여, 산업화 시대(2차 산업혁명)를 거쳐 정보화 시대(3차 산업혁명)를 차례로 겪어온 뒤, 오늘날 AI 시대(4차 산업혁명)를 맞이했습니다. 우리나라의 영어 교육 또한 네 차례의 혁명적 변화를 겪으며 오늘에 이른 듯합니다.《성문종합영어》 시대(1차 영어 교육혁명)를 시작으로 하여 4스킬 영어 시대(2차 영어 교육혁명)와 디지털 영어 시대(3차 영어 교육혁명)를 거쳐왔습니다. 그리고 현재는 AI 실용영어 시대(4차 영어 교육혁명)의 문턱에 서 있습니다.

제가 영어 불통자 탈출을 위한 대안을 찾으려고 노력해온 과정을 가만히 돌이켜보니, 네 차례의 영어 교육혁명과 저의 영어 교육 라이프스토리가 궤를 같이하고 있다는 생각이 듭니다. 따라서 네 차례의 영어 교육혁명기를 한 차례 훑어보는 것도 나름대로 의미 있는 과정이라고 생각합니다.

1차 영어 교육혁명은《성문종합영어》로 상징되는 문법과 독해에 빠져 있던 입시 영어 시대였습니다. 개인적으로는 학창 시절부터 영어 교육사업에 본격적으로 뛰어들기 직전이었던 2000년까지입니다. 이때는 영어 공부의 목적이 오로지 좋은 대학을 가는 데에만 있었으므로, 애당초 영어 말하기가 비집고 들어갈 틈 자체도 없었습니다. 이 같은 '영어 말하기 암흑기'는 수십 년간 지속되었습니다. 그러다 김대중 정부에서 '영어 하나만 잘해도 대학에 갈 수 있다'는 획기적인 입시 정책을 제시함으로써, 영어 교육에도 변화의 바람이 불었습니다. 드디어 《성문종합영어》에서 벗어나, 토익(Test of English for International Communication, TOEIC)과 토플(Test of English as a Foreign Language, TOEFL)을 공부하게 된 것입니다.

이러한 변화의 불길에 기름을 부은 또 하나의 계기는 2000년대 초반부터 시작된 외고 · 특목고 열풍이었습니다. 외고나 특목고 입학 때 토익이나 토플 점수를 제출하는 것이 당연시되면서, 문법과 독해를 넘어선 청해와 작문 교육이 핵심으로 떠올랐습니다. 그러자 '4스킬'로 불리는 읽기 · 듣기 · 쓰기 · 말하기를 통합하여 가르치고 배우는 것이 영어 학습의 대세로 확고히 자리 잡게 되었습니다. 바야흐로 4스킬 영어를 키워드로 한 2차 영어 교육혁명이 시작된 겁니다. 하지만 4스킬을 두루 공부하는 건 시험 점수에는 도움이 되었을지 몰라도, 영어 말하기 실력을 키우는 데에는 근본적인 한계가 있었습니다.

2000년대 후반부터 또다시 영어 교육의 트렌드가 바뀌었습니다. 인터넷과 함께 스마트폰 시대가 열리면서 오프라인 학습에 온

라인 학습을 조합한 소위 '블렌디드 러닝(blended learning)'이 자리 잡은 것입니다. 이에 영어 말하기 쪽에서도 음성인식 및 자동평가 기술을 활용한 소프트웨어나 앱으로 스피킹(speaking) 학습을 하는 프로그램이 우후죽순처럼 등장했습니다. 디지털 영어를 키워드로 한 3차 영어 교육혁명 시대가 열린 것이었죠.

그리고 이제 AI으로 대변되는 4차 영어 교육혁명의 여명이 밝아오고 있습니다. 이뿐만이 아닙니다. 외고 · 특목고 규제 및 수능영어 절대평가를 위시한 새 정부의 교육정책과 해외여행의 대중화는 영어 교육의 흐름을 '시험영어'에서 '실용영어'로 바꾸는 기폭제가 되고 있지요.

"어떻게 하면 영어 말문이 열릴까?"

이것이 바로 이 책의 화두입니다. 그리고 저는 독자들이 진정으로 원하는 것은 '고기를 잡는 법'이 아니라 '고기를 잡아주는 것'이라고 생각합니다. 그래서 이 책에서는 두루뭉술한 학습법을 소개하는 것이 아니라, '영어 불통자 탈출 로드맵'을 바탕으로 구체적이며 읽는 즉시 실천 가능한 영어 말하기 훈련 방법을 자세히 안내할 것입니다.

'무엇이든 매일 하면 위대해진다'라는 말이 있습니다. 무엇인가를 매일 실천하는 것은 그만큼 어렵다는 의미예요. 하지만 그와 동시에 아무리 조금이라도 매일 실천하는 것은 엄청난 누적 효과를 불러일으킨다는 의미도 됩니다. 이제부터 두루뭉술한 '영어 학습법'을 찾는 데에서 벗어나, 이 책에서 제시하는 센텐스-빌딩 훈련을 매일 실천하세요.

Just do it! 영어 말문이 열리는 최고의 지혜이자 학습법은 'Just do it!'뿐입니다.

영어 불통자 탈출 가이드

꿈동이 박광희

단번에 영어 말문이 열리는 센텐스-빌딩 훈련법

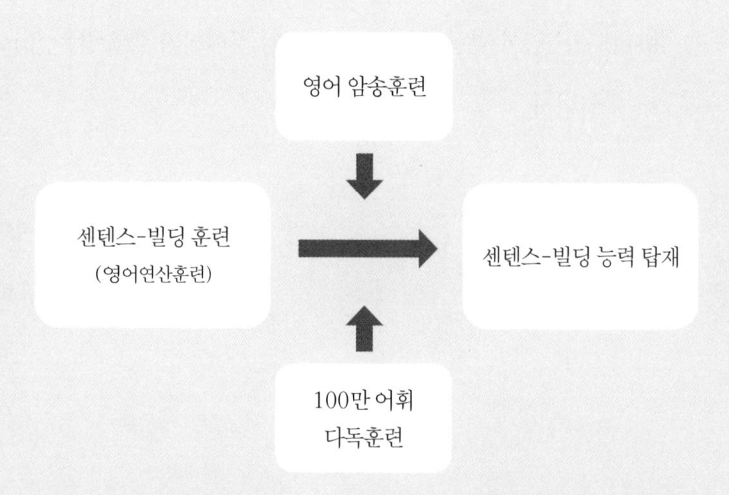

이 책은 '생각하는 대로, 그 즉시, 자유자재로 영어로 말하기'를 가능하게 이끌어줍니다. 그리고 위의 도표는 이 책을 관통하는 '영어 말하기 능력'의 향상 과정을 간략히 정리한 것입니다. 뭔가 이해가 될 듯하면서도 아직 마음에 훅 들어오지는 않을 겁니다. 그래도 걱정하지 마세요. 독자 여러분의 마음에 훅 들어올 수 있게끔 지금부터 하나하나 설명해나갈 테니까요. 그저 한 장 한 장 책장을 넘기며 편안하게 따라오시면 됩니다.

잠깐 상상을 해보세요. 눈앞에 풍광 좋은 올레길이 펼쳐져 있습니다. 그리고 두 사람이 그 길에 있습니다. 첫 번째 사람은 목적지에 빨리 도달하고 싶은 마음에, 주변을 둘러보지도 않고 앞만 보며 잰걸음으로 걸어요. 두 번째 사람은 길가에 피어 있는 꽃도 보고 바람에 실려 오는 풀잎 내음도 맡으며 차근차근 걸어요. 올레길을 다 돌고 일상으로 돌아왔을 때, 두 사람이 보고 겪은 올레길은 어떤 모습일까요? 같은 길을 걸었지만 기억하는 이미지는 서로 다르겠지요? 아마 두 번째 사람의 기억이 훨씬 풍요로울 겁니다.

이처럼 앞으로 설명할 내용 역시 무작정 따라오시면 안 됩니다. 이 책의 지향점과 핵심 사항을 머릿속에 하나하나 확실하게 새기며 따라오셔야만 좋은 결과가 펼쳐질 테니까요.

이 책의 목표점을 먼저 알려드리겠습니다. 바로 '센텐스-빌딩 능력'의 탑재입니다. 자신이 표현하고 싶은 것을 영어로 바로 말할 수 있게 되는 능력이죠. 그리고 이를 가능케 해주는 것이 바로 '센텐스-빌딩 훈련'입니다.

'센텐스-빌딩'은 단어 그대로 '문장 만들기'예요. 그런데 이게 참 힘든 것이, 한국인들 절대다수의 머릿속에는 한국어 문장구조가 이미 깊게 뿌리내려 있다는 점입니다. 우리 머릿속에는 없는 영어 문장 구조로 바꾸어서 말한다는 게 말처럼 쉬울 수 없거든요. 그러다 보니 문장 하나를 말하는 데에도 시간이 오래 걸리곤 합니다.

그렇다고 해서 눈앞에 있는 외국인에게 "내가 머릿속에서 영어 문장을 만들어낼 시간이 필요하니까 조금만 기다려주세요"라고 말할 수도 없는 노릇이잖아요? 그렇기 때문에 생각하는 즉시 영어로 말할 수 있는 센텐스-빌딩 훈련이 필요한 것입니다.

센텐스-빌딩 훈련은 영어 문장을 '주어 바꿔 말하기' '시제 바꿔 말하기' '의문문으로 말하기' '부정문으로 말하기' '응용 단어 말하기'의 다섯 가지 훈련으로 이루어져 있습니다. 이 다섯 가지 훈련을 통해 센텐스-빌딩 능력을 탑재하는 것이고요.

백문이 불여일견. 다음 예문을 보면 이해가 되실 겁니다.

I love studying English with James.

난 제임스랑 영어 공부하는 걸 아주 좋아해.

• 주어 바꿔 말하기

Wangwang loves studying English with James.

왕왕은 제임스랑 영어 공부하는 걸 아주 좋아해.

Sarah and I love studying English with James.

세라와 난 제임스랑 영어 공부하는 걸 아주 좋아해.

• 시제 바꿔 말하기

I loved studying English with James.

난 제임스랑 영어 공부하는 걸 아주 좋아했어.

I have loved studying English with James.

난 제임스랑 영어 공부하는 걸 아주 좋아해. (예전에도 좋아했고 지금도 좋아한다는 의미)

• 의문문으로 말하기

Do I love studying English with James?

제임스랑 영어 공부하는 걸 아주 좋아하냐고?

Does Sarah love studying English with James?

세라는 제임스랑 영어 공부하는 걸 아주 좋아하니?

• 부정문으로 말하기

I don't love studying English with James.

난 제임스랑 영어 공부하는 걸 아주 좋아하지는 않아.

Gabriel doesn't love studying English with James.

게이브리얼은 제임스랑 영어 공부하는 걸 아주 좋아하지는 않아.

• 응용 단어 말하기

I hate studying English with James. (love 대신 hate)

난 제임스랑 영어 공부하는 걸 정말 싫어해.

I love studying math with James. (English 대신 math)

난 제임스랑 수학 공부하는 걸 아주 좋아해.

I love studying English with my dad. (James 대신 my dad)

난 우리 아빠랑 영어 공부하는 걸 아주 좋아해.

이것이 바로 센텐스-빌딩 훈련의 핵심입니다. 이러한 방식으로 문장 바꾸기 훈련을 하면, 하나의 문장을 통해 응용 가능한 문장이 무궁무진하게 늘어나죠.

훈련의 성과는 여기서 끝이 아닙니다. 수많은 문장을 만들어내고, 이 문장들을 말로 하다 보면 어느새 영어 문장 구조가 우리 머릿속에 확실히 입력됩니다. 그래서 우리말이 떠올랐을 때, 영어 문장으로 바뀌어 나오는 데 걸리는 시간이 현저히 줄어들게 되지요.

한국 사람들이 서구인에 비해 덧셈 · 뺄셈 · 곱셈 · 나눗셈을 계산하는 속도가 굉장히 빠르다는 사실을 알고 계신가요? 이유는 무척 간단해요. 어려서부터 4칙연산훈련을 꾸준히 해왔기 때문입니다.

영어도 마찬가지입니다. 센텐스-빌딩 훈련을 하면 '3×3=9'가 자동적으로 나오는 것처럼 머릿속에 기본 문장이 장착되어, '이 문장을 말하고 싶다'는 생각이 드는 순간 입에서 영어가 바로 나온답니다. 저는 이 방법이 수학의 4칙연산훈련과 비슷하다고 생각해, '5칙연산훈련' 또는 '영어연산훈련'이라고 부르기도 합니다. 이전에 출간했던《영어연산훈련》에서는 '센텐스-빌딩 훈련'을 '영어연산훈련'이라 표현했습니다. 하지만 이 책에서는 '센텐스-빌딩'이라 표현했어요. 본격적인 영어 학습서라기보다는 더 많은 독자들에게 쉽게 다가가는 영어 말하기 가이드북이 되길 바라는 마음에서 표현을 달리한 것이지요.

자, 그럼 생각하는 즉시 영어 말문이 열리는 센텐스-빌딩 훈련을 시작해보실까요?

PART 1

영어, 실체를 알아야 내 것이 된다

CHAPTER 1

영어, 자기만족감을 키우자

CHAPTER 2

영어는 영어답게 말해야 통한다!

CHAPTER 3

리스닝과 스피킹은 한 몸이다

PART 2
영어 불통자를 만드는 4대 장벽

PART 3

콜럼버스의 달걀, 영어에도 있다

PART 4

이제, 생각과 동시에 입에서 영어가 나온다

CHAPTER 1

작심삼일을 반복하자

CHAPTER 2

영어 말하기의 빈틈을 메운다 ①

CHAPTER 3

영어 말하기의 빈틈을 메운다 ②

부록

PART 1

영어,
실체를 알아야
내 것이 된다

제대로 된 영어 공부, 즉 머리 중심의 영어가 아닌 입 중심의 영어 공부로 방법만 살짝 바꾼다면, 화려한 토익 점수에도 말 한 마디 내뱉지 못하는 굴욕에서 해방될 수 있습니다. 바로 센텐스-빌딩 공부법과 함께라면 말이죠.

CHAPTER 1

영어,
자기만족감을 키우자

SENTENCE BUILDING

영어도 무조건반사를 한다

'저는 스타벅스에 가요'라는 문장을 영어로 말해보세요.

I go to Starbucks.

이번에는 '그는 아침에 스타벅스에 갔어요'를 영어 문장으로 만들어봅시다.

He went to Starbucks in the morning.

여기까지는 별로 어렵지 않죠? 머릿속으로 한참 작문하지 않아도 곧바로 영어 문장이 튀어나옵니다. 그럼 여기서 한 걸음 더 나가보겠습니다.

'그녀의 언니는 커피를 마시러 아침 일찍 스타벅스에 가고 있었어요'라는 문장을 영어로 말해볼까요?

Her sister was going to Starbucks …

아마 적잖은 사람이 여기까지 말하는 데에도 머리 꽤나 아팠을 거예요. 그렇다면 이 문장을 마무리해보겠습니다.

Her sister was going to Starbucks for some coffee early in the morning.

이 문장을 올바르게 말한 사람은 얼마나 될까요? 특히 3초 내에 말할 수 있는 사람은 얼마나 될까요? 어쩌면 열 명 중에 세 명, 아니 열 명 중에 한 명일 수도 있습니다. '이거 내 얘기인가?' 하는 분이 계실지도 모르겠네요.

'저는 스타벅스에 가요' '그는 아침에 스타벅스에 갔어요'를 영어로 말하는 건 대부분 그다지 어려워하지 않아요. 오래 생각하지 않아도 'I go to Starbucks' 'He went to Starbucks in the morning'이란 문장이 거침없이 나오지요.

하지만 '그녀의 언니는 아침 일찍 커피를 마시러 스타벅스에 가고 있었어요'라는 문장은 좀 다릅니다. Her sister로 시작해야 하니 첫머리부터 걸리거든요. 그런 다음 '… 가고 있었어요'라는 go의 과거진행형을 표현해야 하는데, 여기서부터 또 고민되는 거예요. 입 밖으로 영어가 튀어나오기도 전에 머릿속에서 온갖 조합을 다 해봅니다. 하지만 머릿속에서 분주하게 영어 작문을 하는 동안 시간은 훌쩍 흘러가버리죠. 만약 누군가와 대화를 나누는 중이었다면, 그새 이야기의 주제가 바뀌었을 거예요. 이미 버스는 떠나간 겁니다. 아마도 많은 분들이 한 번쯤 경험한 상황일 것이라 생각합니다.

이쯤에서 한 가지 의문이 생겨요. 'I go to Starbucks'와 'He went to Starbucks in the morning'이라는 두 문장은 입에서 금방 튀어나오는데, 왜 'Her sister was going to Starbucks for some coffee early in the morning'은 머릿속에서 생각하고 생각한 뒤에만 입 밖으로 나오는 걸까요?

답은 간단합니다. 평소에 입을 꾹 다물고 머릿속에만 영어 지식을 차곡차곡 쌓아두었기 때문입니다. 머리에 영어 지식이 쌓이고

쌓여 넘친다고 해서 자연스레 입에서 영어가 흘러나오지는 않습니다. 영어 학습에서 머리와 입이 담당하는 영역은 엄연히 다르기 때문이죠. 머리는 주로 이해가 이루어지는 곳으로, 학습을 통한 조건반사가 작동 원리입니다. 그에 반해 입은 체화가 이루어지는 곳으로, 훈련을 통한 무조건반사에 의해 작동합니다.

'Her sister was going to Starbucks for some coffee early in the morning'이라는 표현이 입에서 무조건반사적으로 나오려면, 머릿속에서 영어 문장을 완성한 후 입을 떼고 말하는 지금까지의 프로세스에서 탈피해야 합니다. 그러기 위해서는 머리가 아닌 '입'으로 체화해둘 필요가 있지요. 즉 입을 움직이며 직접 말하는 문장 체화훈련을 평소에 꾸준히 반복해야만 한다는 뜻입니다.

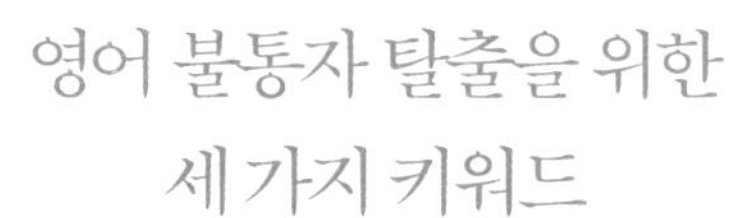

영어 불통자 탈출을 위한 세 가지 키워드

- 훈련
- 체화
- 무조건반사

'입으로 하는 영어 공부'의 세 가지 핵심 키워드입니다. 반복하여 '훈련'을 하면, 영어 문장이 몸에 자동 기억되는 '체화'가 이루어집니다. 그리고 머릿속으로 오래 생각하지 않아도 자동적으로 말이 나오는 '무조건반사' 작용이 일어나지요. 그리고 그 종착지는 영어 불통자 탈출입니다.

다음 문장을 보며 자기 자신의 모습을 한번 되돌아보세요. 지금까지 어떤 방법으로 영어 공부를 했나요?

- '이해'에 몰두하느라 '체화'를 게을리했다.
- 반복을 통한 '훈련'보다 새로운 '학습'만 추구했다.
- 영어로 말할 때 '무조건반사'가 아니라 '조건반사'로 입 동작만 버벅거렸다.

자신의 영어 공부 습관이 두 가지 이상 포함된다면 지금 당장 방법을 바꿔야 합니다. 그대로 가다간 영어 불통자로 자리 잡을 가능성이 90퍼센트도 넘기 때문입니다. 어쩌면 세 가지 모두 포함되는 사람도 많을지 모릅니다. 하지만 늦지 않았습니다. 성공과 발전은 자신의 잘못을 솔직히 인정하는 데에서 출발하니까요.

프로야구 조범현 감독은 "야구는 머리로 아는 것보다 몸으로 익히는 게 중요해요. 무의식중에 나오는 플레이가 내 플레이예요. 그리고 무의식중에 몸이 반응할 줄 알아야 A급 선수가 됩니다. 그렇게 무의식중에 내 플레이를 하려면 반복훈련이 최상의 답이라고 생각해요. 이와 함께 훈련에 임하는 자세에는 절심함이 있어야 해요. 절실함이 없는 사람은 발전도 성공도 없어요. 티볼을 하나 치든 공을 하나 던지든, 절실함이 있어야만 합니다"라며, 반복훈련을 통해 무의식중에 나오는 플레이의 중요성을 강조했습니다.

'혹시 나는 영어를 머리로만 알고 있지 않나?'

'내 입은 반복훈련을 통해 무의식중에 반응하고 있나?'

'나는 도대체 왜 영어 공부를 하지?'

'내게 영어 불통자 탈출을 위한 간절함과 절실함이 있나?'

조범현 감독의 말을 곰곰이 되새기며 다시 한 번 나 자신을 바라보세요. 이제는 영어 불통자에서 탈출해야 할 순간입니다.

잘 버리는 것, 학습에도 필요하다

지금까지 우리나라의 영어 교육은 철저히 머리 중심이었습니다. 입은 찬밥 신세였지요. 왜냐하면 영어 교육의 목표가 지필 시험에서 높은 점수를 받는 데 있었기 때문입니다.

그러다 보니 영어 교육에 엄청난 시간과 돈을 투자하고서도, 정작 돌아온 것은 영어 불통자라는 초라한 성적표뿐이었습니다. 머리로 배운 영어가 입으로 나오기까지 어쩜 그리 오래 걸리는지요. 이제는 머리에서만 맴돌고 입으로는 더듬거리는 소모적인 영어 교육과 이별할 때가 되었습니다. 언제까지나 영어 불통자로 살 수는 없으니까요!

교육 전문가들에 따르면 학습은 두 종류로 나뉜다고 합니다.

- 채우는 학습(learning)
- 버리는 학습(unlearning)

기존의 생각을 버려야만 새로운 것으로 채울 수 있습니다. 머리 중심의 영어 교육을 버리고(unlearning), 입 중심의 영어 교육을 채워야(learning) 합니다. 그러나 불행히도 대부분의 경우 이런 학습에 익숙하지 않아요. 이 소모적인 악순환의 고리를 끊어내려면 '채울 것'과 '버릴 것'을 구별하는 능력이 필요합니다.

저는 예전에 '아이디어맨'이라는 소리를 꽤나 자주 들었습니다. 그 말을 들을 때마다 왠지 우쭐해지면서 '나는 뭔가 달라!'라는 심한 자아도취에 빠지곤 했죠. 그런데 제 나이 마흔이 넘고서야 비로소 깨닫게 되었습니다. 그 말에는 칭찬의 의미만 담겨 있는 것이 아니라는 사실을요.

'아이디어가 많다'는 소리는 '무엇 하나 제대로 실천하는 것 없이 뜬구름만 많이 잡는 사람'이라는 표현을 돌려 말한 것이라는 사실을 깨닫게 된 거였죠. 결국 중요한 것은 아이디어의 양이 아니라,

여러 아이디어 가운데 실현 가능성이 있는 하나를 가려낼 수 있는 결단과 실천력인데 말이에요.

신문을 스크랩하다 보면 오래 지나지 않아 스크랩 기사가 수북이 쌓이곤 합니다. 그래서 오히려 진짜 필요한 기사를 찾는 데 헤매기 일쑤죠. 여기서 중요한 것은 많은 기사를 스크랩하는 것이 아니라, 정말 필요한 기사 외에는 과감히 버릴 줄 아는 능력입니다.

혹시 필요한 것을 양손에 꽉 쥐고 둘 다 놓치지 않으려는 경향이 있나요? 둘 중 어느 것 하나 놓치기 아까워 포기할 줄 모르나요?

하지만 잊지 마세요. 선택은 포기의 또 다른 얼굴입니다. 물론 영어 공부도 마찬가지예요. 머리 중심의 영어 공부와 입 중심의 공부 사이에서 계속 양다리를 걸친다면, 영어 불통자 탈출의 꿈은 결코 이룰 수 없답니다.

자, 이제 머리 중심의 영어 공부를 과감히 버리세요. 그리고 그 커다란 빈자리에 입 중심의 영어 공부를 가득 채워 넣으세요. '어디 좋은 영어 학습법 없을까?'와 같은 영어 학습법 쇼핑도 지금부터 이별입니다.

왜 인풋만큼 아웃풋이 나오지 않는 걸까?

안녕하십니까?

저는 OO물산에서 원자재 수입 업무를 담당하고 있습니다. 해외 관련 업무를 담당하는 터라 거의 매일 영어를 쓰다시피 합니다. 일본 업체를 제외하고는 매일 영어로 문서를 작성하거나 전화 통화를 하고 있습니다.

재작년에 토익 시험을 봤는데 950점이 조금 넘게 나왔습니다. 그 결과 표면상(?)으로는 1급에 해당하는 점수를 가지고 있습니다. 그런데 이것이 저의 고민입니다. 토익 수험 교재에 보면 보통 860점 이상을 1급으로 규정하더군요. 그리고 이 정도 수준이면 영어로 말하고 이해하는 데 전혀 지장이 없다고 적혀 있는데(그래서 그런지 동료들도 저를 동시통역사 수준으로 생각하고 있는 듯해서 정말 미치겠어요), 사실 제 실력은 전혀 그렇지 못하거든요. 리딩(reading)이나 리스닝(listening) 실력은 괜찮은 편인데, 스피킹과 라이팅(writing), 그중에서도 스피킹은 정말 깡통에 가깝습니다.

처음에는 저도 영어를 사용해본 경험이 없어서 그런가 보다 하고, 회사 업무에서 가능한 한 영어를 많이 쓰려고 노력도 해보았습니다. 그런데 해외 거래처를 만날 때마다 오히려 점점 자신이 없어지는 것 같습니다. 그리고 지난 2월 유럽 출장 때는 영어 때문에 정말 엄청 고생했습니다.

남들에 비해서 그렇게 어휘력이 떨어진다고는 생각하지 않습니다. 그럼 도대체 뭐가 문제일까요? 그리고 어떻게 하면 영어를 잘할 수 있을까요?

이 직장인의 솔직한 고백은 영어 교육 현실의 문제점을 적나라하게 보여줍니다. '시험 성적 = 영어 실력'이라는 공식을 당연시하는 풍토 말이지요.

요즘은 토플이나 토익 시험에서도 말하기(스피킹)와 쓰기(라이팅) 시험을 강화하는 추세입니다. 즉 눈으로 이해하는 영어에서 말과 글로 '생산해내는 영어(production English)'로 중심축이 옮겨가고 있는 것이죠. 이는 영어의 세계어화가 가속화된다는 현실의 반영인 동시에, 우리 일상 속에도 영어가 점점 더 가까이 다가오고 있다는 뜻입니다.

그러나 우리의 현실은 영어 공부에 쏟아붓는 인풋(input)에 비해 결과인 아웃풋(output)이 참 초라해요. 영어 공부에 막대한 시간과 돈을 쏟아부은 것과 달리, 얼마만큼의 결실을 거두었는지에 대한 평가는 무심합니다. '6개월 후면 귀가 뚫리고 입이 열린다'와 같은 과대 선전이 난무하지만 실제 결과는 어떻던가요? 이루지 못한 결과에 대해 적극적으로 소비자의 권리를 찾으려 하지 않고, 그저 스스로 외국어 실력이 부족하다며 겸손의 미덕을 발휘합니다.

우리의 영어산업(English industry)을 경제 용어인 생산성으로 평가해본다면 어떤 결과가 도출될까요? 아마 모르긴 몰라도 상당히 낮게 평가될 거예요. 왜냐하면 들이는 노력에 비해서 결실, 즉 영어 구사력은 신통치 않기 때문이지요.

일반적으로 시장 규모가 몇십억 원만 돼도, 해당 업계는 생산성 향상이나 경쟁력 문제 등으로 야단법석을 떱니다. 그러나 어찌 된 일인지, 어림잡더라도 시장 규모가 조 단위인 우리나라의 영어산업만큼은 이러한 사실이 그저 낯선 소리에 불과합니다. 한마디로 '생산성의 무풍지대'인 셈이죠.

4차 산업혁명이 눈앞으로 다가온 요즘도 영어 교육은 2차 산업혁명 수준에서 벗어나지 못하고 있습니다. 언제까지 이렇게 소모적인 영어 교육을 계속해야 할까요? 아니, 이렇게 소모적인 비용을 개인이나 사회가 계속 감당할 수 있을까요?

지식을 바탕으로 한 21세기 지식경제사회에서는 언어의 중요성이 두 배로 확대됩니다. 특히 세계 공용어인 영어의 중요성은 점점 더 커질 것입니다. 따라서 한국의 영어 교육사업 역시 입시산업이 아닌, 인력개발산업으로 거듭나야 합니다. 그리고 이를 위해서는 교육 패러다임 자체를 머리 중심의 영어에서 입 중심의 영어로 바꿔야 할 필요성이 있습니다.

물론 세계화 시대라고 해서 모두가 영어를 잘할 필요는 없습니다. 오히려 세계화 시대이기 때문에 영어를 포기하는 사람이 많아도 될 거예요. 영어 공부에 엄청난 시간과 돈을 투자하고도 정작 영어로 자신의 생각을 표현하지 못한다면, 차라리 영어를 포기하는 편이 낫지 않을까요? 어쩌면 그 시간에 유창한 한국어로 자기가 좋아하고 잘할 수 있는 일을 열심히 하는 편이 나을지도 모르니까요.

하지만 그럼에도 불구하고 영어를 포기할 수 없다면, 영어 공부에 쏟아부은 인풋만큼 아웃풋을 얻고 싶은 사람이라면, 이제는 시간 낭비와 돈 낭비를 그만하기 바랍니다. 제대로 된 영어 공부, 즉 머리 중심의 영어가 아닌 입 중심의 영어 공부로 방법만 살짝 바꾼다면, 화려한 토익 점수에도 말 한 마디 내뱉지 못하는 굴욕에서 해방될 수 있습니다. 바로 센텐스-빌딩 공부법과 함께라면 말이죠.

책을 열심히 외우면 말문이 트일까?

영어책 한 권을 전부 외우는 방식을 소개한 책이 베스트셀러가 된 적이 있습니다. 영어 학습자들의 '외우기'에 대한 환상과 콤플렉스를 잘 찾아내, 가려운 곳을 긁어준 책입니다. 평소 영어 한 마디 쓸 기회가 없는 우리 환경에서 영어로 말을 하려면 '외우기'는 필수 과정이라 할 수 있습니다. 개인차야 있겠지만, 꾸준히 실천할 수만 있다면 효과 역시 분명하고요.

저도 한때 베스트셀러였던 《영어 낭독 훈련에 답이 있다》에서

'스피킹 폭발점에 도달할 때까지 큰 소리로 말하며 외우라!'고 역설한 바 있었기에, 그 책의 제목을 본 순간 나름대로 공감이 됐습니다. 그렇다면 과연 문장이나 책을 열심히 외우면 영어 불통자 탈출의 꿈을 이룰 수 있을까요?

답은 Yes or No입니다.

만약 문법 규칙을 자연스럽게 문장에 적용해가며 이미 외운 영어 문장을 잘 응용해서 바꿔 말할 수 있는 언어적 재능을 타고난 사람이라면, 또는 후천적 훈련을 통해 이 능력을 습득한 사람이라면 답은 'Yes'입니다. 하지만 그렇지 않고 단순히 외우기만 한다면 답은 'No'일 가능성이 높아요. 외우기가 영어 말문 열기를 반드시 보장하는 것은 아니기 때문입니다.

영어 외우기가 영어 말하기로 이어지려면 문장 응용능력, 즉 '문법 규칙의 문장 적용능력'이 있어야 합니다. 그래야 외운 문장이 마중물이 되어 영어 말하기가 콸콸 터져 나올 수 있습니다. 아무리 많은 영어 문장을 달달 외우더라도, 이런 문장 응용능력이 없다면 그저 기계적인 단순 암기에 그칠 가능성이 높습니다. 물론 단순 암기로 단기간에 좋은 점수를 받을 수는 있겠지요. 하지만 영어로 자유롭게 의사소통하기에는 많이 부족합니다.

앞서 말씀드린 대로 저도 예전에는《영어 낭독 훈련에 답이 있다》에서 '스피킹 폭발점에 도달할 때까지 입에서 줄줄 나올 정도로 반복하여 낭독하라'고 주장했습니다. 이 학습법을 통해 영어에 자신감이 생긴 분도 많이 만났고요.

그러다 어느 순간 새로운 사실을 깨닫게 되었습니다. 이 학습법으로 공부한 사람들 사이에서도 저마다 만족도가 달랐던 거예요. 저는 궁금해졌습니다.

'똑같은 방식으로 공부하는데 왜 결과가 다를까? 그 이유는 무엇일까?'

만족도가 월등히 높은 사람과 그렇지 않은 사람의 차이는 바로 문장 응용능력이었어요. 낭독훈련을 반복하면서 스스로 문장을 만들고 응용해본 사람은 '아, 영어가 정말 되는구나'라고 생각했던 반면, 그렇지 않은 사람은 '영어 문장을 술술 잘 읽기는 하는데 뭔가 좀 부족한 것 같네'라며 갸우뚱했던 것이지요. 결국 문장 응용능력이 만족도를 가른 셈입니다. 따라서 영어 말문을 트기 위해 무작정 많은 영어 문장과 책을 외우겠다고 결심한 사람이라면, 그에 앞서 자신의 문장 응용능력이 어느 정도인지 생각해볼 필요가 있습니다.

그래서 저는 "외우기와 문장 응용훈련을 동시에 진행해야 한다"고 조언을 해요. 하지만 이렇게 말하면 대개 이런 질문이 따라붙어요.

"뭘 외우는 게 좋을까요?"
"문장 응용훈련은 어떻게 해야 할까요?"

문장 응용훈련에 대해서는 뒤에서 설명하겠습니다. 먼저 외울 텍스트부터 설명하자면, 사실 좋은 텍스트란 게 따로 있지는 않아요. 자기 영어 수준과 학습 필요에 맞는 텍스트를 고르면 됩니다.

오히려 주변에서 영어 꽤나 한다는 사람들이 추천해주는 텍스트가 자신의 수준에 맞지 않아 흥미를 떨어뜨릴 수도 있어요. 왜냐하면 영어 눈높이나 공부의 목적 등이 모두 다르니까요. 학교 권장도서 리스트에 있는 책이라고 다 읽고 싶던가요? 마찬가지로 영어 문장 외우기용 텍스트를 고를 때도 너무 다른 사람의 얘기에 귀 기울일 필요는 없어요. 스스로 묻고 판단하면 됩니다. 단, 문장 응용훈련을 반드시 함께해야 한다는 점은 꼭 기억하세요.

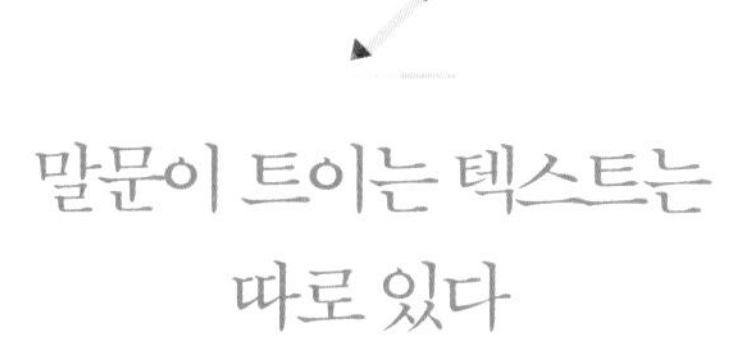

말문이 트이는 텍스트는 따로 있다

영어 말하기를 목표로 외우기를 할 때 반드시 기억해야 할 다섯 가지를 소개하겠습니다. 이를 기준으로 삼아 자신에게는 맞는 텍스트를 선택하세요.

첫째, 리딩이 아닌 스피킹 수준에 맞춰 문장 난이도를 판단하세요.

영어 단어나 문장의 난이도를 리딩의 잣대로 판단하는 경우가 참 많지요. 하지만 대개 실제로 말을 할 때 사용하는 영어는 글을 읽을 때보다 수준이 훨씬 낮아요. 따라서 외우기의 목적이 스피킹

능력 향상이라면 눈높이를 상당히 낮춰야 하죠. 리딩이 아닌 스피킹의 관점에서 텍스트 전체의 난이도를 판단하세요.

둘째, 구어체와 문어체가 잘 조화된 영어 문체인지를 파악하세요.

우리말도 말을 할 때와 글을 쓸 때 사용하는 어휘와 문장의 수준이 다르지요. 영어도 마찬가지예요. 그렇기 때문에 스피킹 능력을 키우기 위해서는 문어체보다 구어체 위주의 문장이 좋습니다. 가장 바람직한 텍스트는 말할 때와 글 쓸 때 모두 사용할 수 있는 중간 정도의 문체로 된 문장이에요.

셋째, 10초 이상 영어로 말할 수 있는 토픽 스피치를 고르세요.

미국의 저명한 커뮤니케이션 전문가 한 명이 자신의 비결을 이렇게 털어놓은 적이 있어요. "저는 매일 아침마다 10분가량 그냥 머릿속에 떠오르는 주제를 30초씩 쉬지 않고 말하는 연습을 해요. 이때 중요한 것은 얼마나 그럴듯하게 말하느냐가 아니라, 30초 동안 쉬지 않고 논스톱으로 말하는 거예요. 그러면 어떤 주제에 대해서도 막힘없이 말하게 되죠"라고 말이에요.

이 방법을 영어 외우기에 적용해보세요. 굳이 30초가 아니더라도 다양한 토픽을 10초 이상 혼자서 쉬지 않고 말할 수 있는 짤막한 영어 스피치를 외워보세요. 그러면 논리적인 동시에 순발력 있게 영어로 말하는 능력이 길러진답니다.

넷째, '유익'이 아니라 '필요'를 최우선으로 하세요.

유익한 내용보다는 당장 필요로 하는 내용을 기준으로 텍스트를 선택하세요. 예컨대 해외여행이나 어학연수 등을 계획하고 있다면, 현지에서 유용한 필수 회화 문장을 외우는 것이 좋아요.

토플이나 토익처럼 스피킹 파트가 포함된 영어 시험을 준비하는 사람이라면, 수험용 교재에 수록된 모범 스크립트를 외우는 것도 좋은 방법이에요.

학교 내신을 대비하는 청소년이라면 영어 교과서 지문을 외우는 것도 좋은 방법입니다. 이때 중요한 점은 막연하게 좋은 텍스트보다는 당장 발등의 불인, 그래서 반드시 학습해야 하는 내용을 선택해야 한다는 것이지요. 절박함이 생기면 그만큼 외우는 효과도 커지거든요.

다섯째, 원어민의 오디오파일이 딸려 있는지를 확인하세요.

영어 말하기를 목표로 한다면 눈뿐만 아니라 귀와 입을 입체적으로 사용하며 외워야 해요. 이를 위해서는 원어민이 녹음한 해당 텍스트의 오디오파일도 꼭 있어야 합니다. 그래야만 외워둔 영어 문장을 자연스럽게 발음하면서 실전 회화에 쓸 수 있거든요.

CHAPTER 2

영어는 영어답게 말해야 통한다!

SENTENCE BUILDING

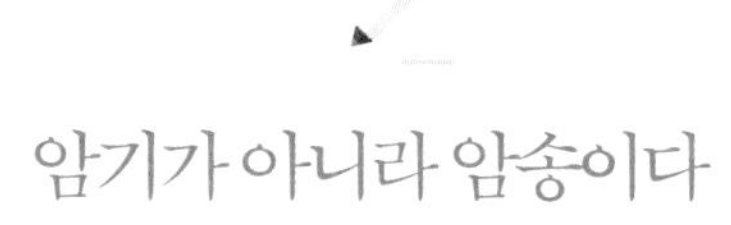

암기가 아니라 암송이다

암기와 암송, 둘 다 익숙한 단어지요. 두 단어에는 모두 '외우다'란 뜻이 있습니다. 그러나 조금씩 뜻하는 바가 다릅니다. 특히 영어 공부에서 암기와 암송은 방법과 성과 측면에서 커다란 차이가 있습니다.

보다 구체적으로 설명해보겠습니다. '영어 문장 암기'란 눈과 손을 주로 사용해 문장을 외우는 것입니다. 눈으로 보거나 손으로 쓰면서 영어 문장을 외우는 것으로, 주로 시험에 대비해서 사용하는 방법이죠. 반면 '영어 문장 암송'은 눈과 손보다는 입과 귀를 적극적으로 사용해 영어 문장을 외우는 것입니다. 원어민의 발음을 듣고 따라 말하기를 반복하면서 영어 문장을 외우는 것으로, 시험보다는 실전 회화 상황에 더욱 어울리는 방법이에요. 쉽게 정리하자면 암기는 '머리 중심의 외우기 활동'이고, 암송은 '입 중심의 외우기 활동'입니다. 따라서 단순한 시험이 아닌 영어 의사소통이 목표라면, 암기가 아니라 암송으로 문장을 외워야 합니다.

실제로도 무언가를 기억할 때는 모든 감각을 총동원하는 것이 유리하다고 합니다. 문장을 외울 때도 마찬가지예요. 단순히 눈으로만 보지 말고, 큰 소리로 읽으면서 외우는 편이 훨씬 좋습니다. 자신의 목소리가 청각 이미지로 기억에 남기 때문이죠. 소리 내어 읽고 귀로 듣는 방법, 즉 암송은 기억 이미지를 선명하고 다양하게 만들어줍니다. 그뿐 아니라 입과 귀를 활용하면 해마가 활성화되기 때문에, 더 쉽고 더 오래 기억할 수 있습니다.

'19단 외우기'가 시작된 인도에서는 전통적으로 암송 교육법을 실천했습니다. 법전과 종교 경전을 모두 암송으로 전달했지요. 우리나라의 옛 서당처럼 스승과 제자들이 빙 둘러앉아 가르침을 암송합니다. 오늘날 역시 인도의 초 · 중 · 고교 학습은 암송 위주예요. 학생들은 몸을 흔들면서, 큰 소리로 암송하면서, 전통적인 방법으로 지식을 쌓아갑니다.

인도 학생들은 외워야 하는 분량도 엄청납니다. 거의 책을 달달 외울 정도지요. 그렇다고 무조건 외우는 것은 아닙니다. 학생들은 먼저 내용을 이해합니다. 그런 다음 암송에 들어가요. 암송을 하고 난 뒤에는 외운 내용을 토론하고요. 수업 내용을 암송한 뒤, 그것을 연관 지어 활용할 수 있는 능력 배양이 최종 목표인 것입니다.

어릴 때 자전거를 배운 사람은 수년간 자전거를 타지 않고 어른이 되어도, 그다지 어렵지 않게 다시 탈 수 있습니다. 또 수영도 한 번 배우면 시간이 흘러도 수영법을 잊지 않습니다. 그래서 흔히 이런 말을 하죠.

몸으로 배운 것은 잊히지 않는다.

물론 완전히 잊히지 않는 것은 아니에요. 오랜 시간 자전거를 타지 않았다가 다시 타려면 예전 같은 실력이 나올 수는 없어요. 하지만 곧 익숙해집니다.

영어 문장 암송도 똑같습니다. 듣고 소리 내어 말하면서 영어 문장을 암송하면, 시간이 흐르면서 어느 정도 잊힐지는 몰라도 조금만 다시 해보면 금세 기억이 되살아나요. 왜냐하면 암송은 입을 열어 반복적으로 말하며 외우는 훈련 방법이기 때문입니다. 하지만 암기에 의존하면 기억을 되살릴 수 있는 분량이 현저히 줄어들어요. 단지 눈으로만 문장을 외우기 때문이지요.

따라서 영어 문장을 암송할 때는 '얼마만큼 소리를 크게 내느냐'가 아니라, '어떻게 소리를 내느냐'가 핵심입니다. 결론부터 말하자면 영어 문장을 암송할 때는 '덩어리(chunk) 읽기'와 '강세(stress) 조절 읽기'에 힘쓰며, 자연스럽게 일상 속도로 리듬감을 살려 읽어야 합니다.

한 덩어리는 한 번에 한 숨으로 읽는다

덩어리 읽기에 대해 이야기하겠습니다. 언어학자들의 정의에 따르면, '문장'이란 '완전한 생각(complete thought)'을 단어로 연결해 의사를 전달하는 최소 단위입니다. 그리고 문장은 기본적으로 주어 부분과 서술어 부분으로 구성됩니다. 따라서 아무리 내용이 길더라도 주어 부분과 서술어 부분이 빠져 있다면 결코 온전한 문장이 될 수 없어요.

여기서 주어 부분은 '누가' 또는 '무엇이'에 해당하고, 서술어

부분은 주어의 누가 · 무엇이 '뭘 어쨌는지'에 해당합니다. 하지만 실제 문장은 말처럼 단순하지 않아요. 영어 문장은 대부분 주어와 서술어 부분 주위에 단어나 단어 뭉치가 달라붙어서 더 길어지거든요.

단어 또는 단어 뭉치가 붙는 경우는 크게 세 가지로 분류됩니다.

1. 단어 또는 단어들만 붙는 경우
2. 단어 뭉치가 붙는 경우
3. 단어와 단어 뭉치 둘 다 붙는 경우

세 경우의 예문을 각각 살펴볼까요?

1. 단어 또는 단어들만 붙는 경우

The cute girls wait.

The cute girls should wait.

2. 단어 뭉치만 붙는 경우

Girls wait in the kitchen.

3. 단어와 단어 뭉치 둘 다 붙는 경우

The cute girls should wait in the kitchen.

The cute girls should wait in the kitchen until the water boils.

단어 뭉치에는 두 종류가 있어요. 하나는 2의 in the kitchen 처럼 단어의 집합인 경우이고, 다른 하나는 3의 until the water boils처럼 뭉치 안에 주어와 서술어의 관계가 또 숨어 있는 경우예요. 이때 2와 같은 단어 뭉치를 '구(phrase)'라 하고, 3처럼 뭉치 안에 주어와 서술어 관계가 존재하면 '절(clause)'이라고 합니다.

일반적으로 단어나 단어 뭉치는 문장 안에서 하나의 '의미 덩어리(meaning chunk)'를 이룹니다. 이와 같은 의미 덩어리를 읽을 때는 마음속에 반드시 새겨두어야 할 원칙이 하나 있지요.

하나의 의미 덩어리는 한 번의 숨으로 읽는다.

이 원칙을 늘 기억해두세요. 그래야만 명확한 의사 전달이 될 뿐 아니라, 자연스런 리듬감이 생겨 발음하기도 수월해집니다.

성숙한 사고를 표현할 때는 구와 절이 포함된 긴 문장을 사용하는 경우가 많아요. 만약 긴 영어 문장을 말할 때 의미 덩어리를 구분해서 발음하지 않고, 숨이 찰 때마다 아무 데서나 끊어버린다면 엉뚱한 의미를 전달하게 됩니다. 청자가 화자의 의도를 제대로 이해하지 못할 가능성이 생기지요. 마치 우리말의 '아버지 가방에 들어가셨다'의 경우처럼 말이에요. '아버지가 방에 들어가셨다'라고 해야 바른 표현이잖아요?

'덩어리 읽기'란 문장을 구성하는 의미 덩어리들을 구분하여, 하나의 의미 덩어리를 한 번의 숨으로 소리 내어 읽는 것입니다. 평소 영어 문장을 암송할 때 덩어리 읽기를 습관화해두면 발음도 유창해질뿐더러, 의미 덩어리의 조합으로 문장을 이해하는 능력도 생겨요. 즉 문장을 훨씬 쉽고 효과적으로 외울 수 있게 되지요. 또 읽기(리딩)에서 지문 독해를 할 때도 독해 속도와 정확성 측면에서 실력 향상을 체감하게 되고요. 게다가 이전처럼 문법과 문장 분석에 의존해 문장을 이해하는 것이 아니라, 의미 단위(meaning unit)와 생각 단위(thought unit)의 조합으로 문장을 이해하는 안목도 자연스레 생기게 됩니다.

리듬감만 익히면 원어민처럼 말할 수 있다

하나의 의미 덩어리 안에는 강세(강약)를 줘야 하는 단어가 있다.

강세 조절 읽기의 원칙은 앞서 말한 의미 덩어리 읽기의 원칙과 맞물려 있어요. 여기서 강세를 받는 단어, 즉 문장에서 상대적으로 길고 강하게 발음하는 단어의 품사는 주로 명사, 동사, 형용사, 부사, 의문사입니다.

대개 관계대명사를 포함한 접속사, 전치사, 대명사, 관사, 조동사에는 강세가 오지 않아요. 중요한 단어에 강세를 주어야 다른 단어보다 길고 강하게 말하겠지요. 그리고 상대적으로 중요하지 않은 다른 단어는 약하고 빠르게 발음하고요. 한마디로 영어의 리듬감이 생기는 거예요. 예를 한번 들어보겠습니다.

The cute girls should wait in the kitchen until the water boils.

이 문장에 들어 있는 의미 덩어리는 네 개입니다. 먼저 두 개는 The cute girls와 should wait처럼 주어(girls)와 서술어(wait)에 단어(the, cute)와 단어(should)가 붙어서 만들어진 것이에요. 그리고 나머지 두 개는 in the kitchen과 until the water boils처럼 구와 절을 이루는 단어 뭉치입니다. 각각의 의미 덩어리를 사선(/)으로 구분하면 다음과 같습니다.

The cute girls / should wait / in the kitchen / until the water boils.

먼저 The cute girls부터 살펴볼까요? 하나의 의미 덩어리인 The cute girls를 발음할 때는 cute에 강세를 줘도 되고, girls에 강세를 줘도 됩니다. 강세를 주는 데 절대적인 규칙이 있는 것은 아니거든요. 말하는 사람의 상황과 의도, 강조점에 따라 얼마든지 강세를 주는 단어가 달라질 수 있어요. 예컨대 '귀엽다'는 의미를 강조하고 싶다면 cute를, 남자아이들이 아닌 '여자아이들'을 강조하고 싶다면 girls를 길고 강하게 발음합니다. 이때 중요한 점은 강세를 주는 단어는 달라지더라도 The cute girls라는 의미 덩어리는 단숨에, 즉 한 번의 숨으로 발음해야 한다는 거예요. 이것이 바로 '하나의 의미 덩어리는 한 번의 숨으로 읽는다'는 원칙입니다.

또 하나의 의미 덩어리인 should wait를 읽을 때는 조동사인 should보다 의미동사인 wait가 중요하겠죠? 그러므로 should는 약하고 빠르게, 그리고 wait는 상대적으로 강하고 길게 발음하면 됩니다. 이때도 should wait라는 의미 덩어리는 단숨에, 한 번의 숨으로 발음해야 한다는 사실을 잊지 마세요.

마지막으로 in the kitchen과 until the water boils의 단어 뭉치 차례입니다. 먼저 in the kitchen이라는 구에서 중요한 단어는 kitchen이지, in이나 the가 아닙니다. 따라서 in과 the는 약하고 빠르게 발음하고, 핵심어인 kitchen을 상대적으로 길고 강하게 발음해야 하죠.

마찬가지로 until the water boils라는 절도 핵심어인 boils는 길고 강하게 발음하고, 덜 중요한 until, the, water 등의 단어는 상대적으로 약하고 빠르게 발음합니다. 이러한 단어 뭉치를 읽을 때도 '하나의 의미 덩어리는 한 번의 숨으로 읽는다'는 원칙을 반드시 기억해두세요.

뇌에 바로 각인되는 세 가지 기억법

- 덩어리 읽기: 하나의 의미 덩어리는 한 번의 숨으로 읽는다.
- 강세 조절 읽기: 하나의 의미 덩어리 안에는 강세를 줘야 하는 단어가 있다.

이 발음 원칙은 영어를 영어답게 말할 수 있는 주요 포인트인 동시에, 우리 같은 외국인들이 영어를 듣고 말하는 걸 고통스럽게 만드는 주범이기도 합니다. 이 원칙 때문에 의미 덩어리별 '끊어 읽기(pausing)'가 일어나고, 의미 덩어리 내의 강세 단어가 의미 덩어리마다 반복되면서 오르락내리락하는 영어 특유의 리듬과 억양이 나타납니다. 하지만 이렇게 발음해야만 청자도 그 의미를 훨씬 쉽게 이해할 수 있어요. 그리고 이렇게 발음해야만 비로소 원어민의 발음도 들리게 된답니다.

우리가 영어로 말해도 원어민이 잘 알아듣지 못하는 경우는 대부분 상황이 비슷합니다. 이와 같은 영어 특유의 쉼(pause)과 강세 그리고 억양이 만들어내는 영어 리듬에 익숙하지 않기 때문이지요. 개별 단어의 발음 문제라면 문맥을 통해 알아차릴 가능성이 높지만, 엉뚱한 덩어리 읽기나 강세 또는 억양 문제라면 의미 자체가 바뀔 수도 있거든요. 따라서 이 발음 원칙을 지키면서 영어 문장을 읽고 외우는 영어 암송훈련을 충분히 함으로써 올바르게 말할 수 있도록 해야 합니다.

사실 이 영어 문장 외우기는 만만한 일이 아닙니다. 효과적인 기억법이 필수적이죠. 다음의 세 가지 기억법은 영어 문장을 외울 때 무척 유용하답니다.

첫 번째, 망각이 일어나기 직전에 다시 문장을 외우면 오랫동안 생생하게 기억됩니다.

에빙하우스는 '망각곡선'으로 유명한 독일의 심리학자입니다.

'새로운 내용을 외운 지 1시간이 지나면 망각이 시작되므로, 이때 다시 외우면 하루 동안 기억이 지속된다'고 주장했지요. 그에 따르면 '하루가 지난 뒤에 다시 외우면 일주일 동안, 일주일 후에 다시 외우면 한 달, 한 달 후에 다시 외우면 6개월 정도 기억이 지속된다'고 합니다. 그리고 6개월 정도 지속된 기억은 장기 기억 상태에 접어들기 때문에, 6개월이나 1년에 한 번씩 잠깐만 복습해도 영구 기억 상태가 되고요. 그러므로 외운 문장을 다시 복습할 때는 잘 기억나지 않는 것 위주로 공부해보세요. 그러면 공부 시간이 대폭 줄어들어 훨씬 효율적으로 외울 수 있을 거예요.

두 번째, 장소와 상황을 달리해서 외우면 시간이 지나도 외운 문장을 쉽게 불러낼 수 있습니다.

'반복훈련은 똑같은 공부를 계속하는 거니까, 결국 같은 정보를 반복적으로 저장하는 거 아냐?'라고 생각하는 사람도 있을지 모릅니다. 하지만 정보는 같을지 몰라도 공부하는 상황과 환경은 똑같지 않은 법이지요. 예컨대 같은 영어 문장을 책상에서 외울 수도 있고, 화장실에서 외울 수도 있고, 버스에서 암기장을 들여다보며 외울 수도 있어요.

이처럼 물리적인 환경이나 심리적인 상태가 달라질 때는 똑같은 정보라도 새롭고 다양한 연결고리가 만들어진답니다. 그리고 동일한 정보라고 해도 맥락이 달라짐으로써 그만큼 연결고리가 많아지게 되고요. 즉 기억의 단서가 더 많이 생기는 셈입니다. 그리고 기억의 단서가 늘어나면 늘어날수록 기억 인출도 쉬워집니다. 전문가들이 '정보의 재구성'이라고 부르는 것이죠. '같은 정보지만 다시 보면 또 다르게 재구성된다'는 의미입니다. 그러므로 어디서나 자유자재로 외운 문장을 불러내려면 더 다양한 장소, 더 다양한 시간대, 더 다양한 상황에서 문장을 외울 필요가 있겠지요.

세 번째, 외우는 순서에 변화를 주면 모든 문장이 잘 기억됩니다.

문장 열 개를 외운다고 생각해보세요. 똑같이 다 외웠다고 생각해도, 나중에 쉽게 기억나는 문장도 있고 그렇지 않은 문장도 있습니다. 보통은 맨 처음과 맨 마지막에 외운 내용이 가장 잘 기억나고, 중간에 외운 내용은 잊히기 쉬워요. 먼저 외운 내용이 나중 것을 지우거나, 나중에 외운 내용이 먼저 것을 지우기 때문이지요.

이를 막으려면 외우는 순서에 변화를 주는 것도 좋은 방법입니다. 즉 순서를 하나씩 밀어서 외우는 것이죠. 예를 들어 문장이 열 개라면 먼저 1번부터 10번까지 외우세요. 그다음에는 2번부터 외워서 마지막이 1번으로 끝나는 거예요. 이렇게 하나씩 밀면서 외우는 방법을 반복하면 순서에 상관없이 모든 문장을 잘 기억할 수 있습니다.

CHAPTER 3

리스닝과 스피킹은 한 몸이다

SENTENCE BUILDING

머릿속으로 영작하는 습관이 대화를 망친다

영국 유학 시절의 이야기입니다. 같은 대학에서 공부하던 한국 학생들이 모여 크리스마스 파티를 열었습니다. 오랜만에 한국어로 왁자지껄하게 대화를 나누며 맛있는 음식을 먹고 있었죠. 그중에는 젊은 부부도 있었는데, 남편은 박사 과정의 학생이었고 부인은 남편 뒷바라지만 하는 주부였어요. 그때 그 부인이 말한 흥미로운 일화가 잊히지 않아 소개합니다.

"가끔은 남편이 저보다 영국 사람 말을 더 못 알아듣는 것 같아요. 전에 전기회사에서 계량기를 체크하러 왔는데, 그 사람이 왜 왔는지 정확하게 이해 못 하는 것 같더라고요. 그런데 제가 이야기를 대충 들어보니 전기계량기를 검사하러 온 것 같아서 안내해준 적이 있어요. 혹시 박 선생님도 제 남편처럼 제대로 못 알아듣는 경우가 많으세요?"

그러자 이야기를 듣고 있던 남편은 얼굴이 벌겋게 되며 이렇게 변명했어요.

"나도 당신처럼 아무 부담 없이 듣기만 해도 되는 거면 대충 감으로 알 수 있어. 그런데 나는 영국 사람이 뭐라고 말하는지 알아들어야 하고, 또 대답까지 해야 하잖아. 그러니까 머리 반쪽은 항상 대답할 말을 생각해야 하고, 그러다 보니 가끔은 제대로 집중하지 못하는 바람에 잘 못 알아듣는 경우도 생기는 거야."

아주 빈번한 경우인데요. 리스닝을 할 때 이처럼 좋지 않은 습관을 보이는 사람이 참 많아요. 바로 상대의 말에 끝까지 집중하지 않는 습관이지요. 특히 영어 문장을 쉬지 않고 빨리 말해야 영어를 잘 하는 것이라고 생각하는 사람이 많아요. 게다가 타인의 시선을 많이 의식하는 편이다 보니, 다른 사람들 앞에서 더듬거리지 않고 빨리 말하려고 애쓰는 경우도 많고요.

상대가 이야기를 끝내지도 않았는데 머릿속으로는 이미 자기가 해야 할 말을 영작하고 있어요. 100퍼센트 집중해도 겨우 알아들을까 말까 한데, 상대의 말을 집중해서 듣지 않는 거죠. 무슨 얘기인지 대충 감을 잡으면 눈만 상대를 쳐다보고, 머리 반쪽은 자신이 대답해야 할 영어 문장을 생각합니다. 그런 다음 속사포처럼 영어 문장을 내뱉어요.

집중해서 듣지 않으면 정확하게 청취하는 것이 아니라 대충 추리해서 짐작하기가 쉬워요. 얼마나 말을 빨리하느냐는 결코 중요하지 않습니다. 더욱 중요한 것은 상대의 이야기를 정확히 이해하는 거예요. 그런 다음에는 설령 'yes'나 'no'로만 대답한들 무슨 상관이 있겠어요?

만약 원어민과 대화할 기회가 생긴다면 자신의 리스닝 습관도 체크해보세요. 이때 상대방의 말에 제대로 집중하지 못하는 자신을 발견하거든 꼭 고치시고요. 편안하고 자신감 넘치는 영어를 구사하기 위해서는 리스닝 습관을 어떻게 들이느냐가 대단히 중요합니다.

리스닝과 히어링, 뭐가 다른 걸까?

이쯤에서 질문을 하나 하고 싶습니다.

"왜 리스닝을 연습하세요?"

리스닝을 연습하는 이유는 상대의 이야기를 잘 알아듣기 위해서입니다. 그러나 단순히 '듣는 것(히어링, hearing)' 자체만으로는 아무 의미가 없어요. 그냥 듣기만 하면 무슨 소용이 있겠어요? 이해를 하면서 들어야 의사소통이 이루어지잖아요.

히어링과 리스닝은 엄연히 다른 표현입니다. 일반적으로 히어링은 단순히 '듣기'를, 리스닝은 '이해하면서 듣기'를 뜻하기 때문이에요. 따라서 '나는 히어링이 잘 안 돼'라는 말은 틀린 표현이랍니다. 정확히 표현하자면 '나는 리스닝이 잘 안 돼'라고 말해야 하죠. 듣기는 하는데 무슨 말인지 정확히 이해를 못 하는 거니까요.

예를 하나 들어보겠습니다.

He pitched a tent.

그는 텐트를 쳤다.

pitch라는 단어를 '던지다'라는 뜻으로만 아는 사람이라면 이 문장을 들어도 제대로 이해하지 못할 거예요. pitch a tent(텐트를 치다)라는 표현을 알아야만 이해될 테니까요.

또 발음은 같지만 의미가 다른 동음이의어(homonym)도 있답니다. 예를 들어볼까요?

hole(구멍) / whole(전체의)

there(저기) / their(그들의)

dependent(종속적인) / dependant(부양가족)

그저 히어링만 한다면 이런 단이를 들을 때 어느 쪽을 말했는지 구분하기가 어렵습니다. 기본적으로 문맥을 통해 구분할 수밖에 없어요. 그러므로 보다 확실한 리스닝 연습을 위해서는 단순히 귀로 듣는 것 이상의, 즉 어휘력을 비롯한 전반적인 영어 구사력이 밑받침되어야 합니다.

이와 더불어 리스닝을 연습하는 목적도 분명히 해둘 필요가 있습니다. 눈으로 보면 아는 단어나 문장을 귀로 들을 때는 알아듣지 못하기 때문에, 그 간극을 줄이기 위해 리스닝을 연습하는 것입니다. 눈으로 봐서 모르는 단어들이 잔뜩 있다면 아무리 많이 듣는다 해도 그 의미를 이해할 수 없으니까요.

리스닝과 스피킹이 한 번에, 독일식 영어 교육

저는 영어 공부를 비교적 특이하게 한 편입니다. 독일에서는 독일어로 영어영문학을, 영국에서는 영어로 영-독 전문번역학을 공부했습니다. 모국어가 한국어인 사람이 외국어(독일어)로 영어를 배우는 일은 흔치 않을 테지요.

독일에서 공부할 때였습니다. 개강 전에 영문과 학생들을 위한 한 달짜리 영어 집중강좌가 개설됐어요. 토플 점수로 비교하자면 최소한 상위 5퍼센트 안에 들어가는 학생들을 위한 집중강좌였지요. 저도 신청해서 수강했고요.

그런데 말이죠. 이 집중강좌에서 제일 먼저 배웠던 게 발음 연습(phonetic course)이었습니다. 음운론(phonology)이라면 어느 정도 이해하겠지만 초보자들이나 배울 법한 발음 연습이라니, '뭐가 잘못되어도 한참 잘못됐구나'라고 생각했지요. 그뿐 아니라 수업 시간에 받아쓰기(dictation)까지 하는 거예요. 당황의 연속이었습니다. 그러나 실제로 받아쓰기를 하는 순간, 생각이 싹 바뀌었습니다.

자, 이제 독일 대학의 영어 받아쓰기 공부법을 알려드리겠습니다. 받아쓰기를 할 때 처음 한 번은 교수님이 정상 속도로 쭉 읽어줍니다. 하지만 이때는 받아쓰기를 하지 않고 그냥 듣기만 해요. 오로지 리스닝만 하면서 전체적인 줄거리를 파악하라는 거죠. 그러고 나서 다시 한 번 읽어줍니다. 이때는 원어민이 평소 말하는 속도예요. 그리고 받아쓰기도 이때 해요. 놀라운 점은 스펠링(spelling)이 아니라, 발음기호로 받아쓴다는 사실입니다. 거기에 문장 강세까지 표시해야 하죠. 이렇게 하는 이유는 무엇일까요?

우리는 보통 틀린 스펠링을 찾기 위해 받아쓰기를 합니다. 틀린 것이 없으면 100점이지요. 하지만 독일 대학의 받아쓰기는 리스닝의 약점을 스스로 찾아내는 데 목적이 있었습니다.

어차피 원어민이 아닌 이상 제아무리 영어를 잘해도 100퍼센트 완벽한 리스닝을 하기는 어렵습니다. 그리고 독일 대학은 바로 이 리스닝 능력을 최대한 끌어올리도록 발음기호 받아쓰기를 하는 것이었어요.

독일 대학의 받아쓰기도 이제는 아주 오랜 추억이 되었습니다. 하지만 그때의 받아쓰기가 지금도 다시 생각나는 이유는, 그리고 이 책에서 굳이 언급하는 이유는 명확합니다. 발음기호 받아쓰기를 계기로 제 리스닝과 스피킹 실력이 모두 한 단계 업그레이드됐기 때문입니다.

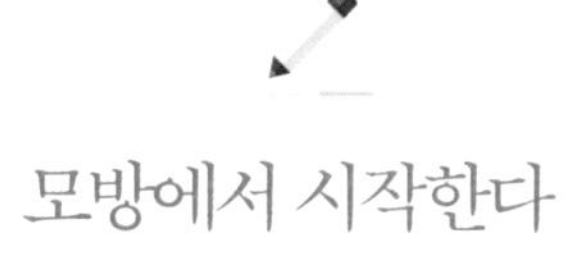

모방에서 시작한다

텔레비전 구입은 영어권으로 유학 간 학생들이 맨 먼저 하는 일 중에 하나입니다. 아직은 영어로 의사소통을 하기는커녕 현지인들의 말을 알아듣기도 어렵기 때문이죠. 그래서 리스닝 실력을 늘리겠다는 목표 아래 텔레비전을 사서 열심히 시청합니다. 하지만 실제로는 청취력보다 추리력이 향상되는 듯합니다.

마찬가지로 귀에 이어폰을 꽂고 열심히 영어를 들으면 리스닝 실력이 좋아진다고 생각하는 사람도 많은 듯합니다. 물론 이러한 노력이 필요하긴 하지만, 이것만으로 리스닝 실력이 좋아질 수는 없습니다. 그렇다면 우리 같은 외국인들에게 걸맞은 최선의 방법은 무엇일까요?

결론을 이야기하기에 앞서 예시 문장을 한번 보겠습니다.

I have bought them a book.

나는 그들에게 책을 사주었다.

이 문장을 '아이 해브 보오트 뎀 어 북'이라고 발음한다면, 원어민은 "Pardon?(뭐라고요?)"이라고 되물을지도 몰라요. 왜 그럴까요?

우리말과 영어 사이에는 엄청나게 많은 차이점이 있습니다. 그중 하나가 바로 강세와 억양(intonation)이에요. 우리말은 음의 고저(pitch)는 있지만 강세와 억양은 없습니다. 그래서 문장의 모든 단어를 거의 똑같이 힘주어 발음하지요. 그러다 보니 이 영어 문장을 말할 때도 '아이' '해브' '보오트' '뎀' '어' '북'으로, 즉 각각의 단어에 동일한 강세를 줍니다. 하지만 그렇게 발음하면 원어민은 알아듣기가 어려워요.

'강세와 억양이 있다'는 말은 곧 '문장의 모든 단어를 똑같이 힘줘서 발음하지 않는다'는 뜻입니다. 강조해야 할 단어는 강하고 길게 발음하고, 그렇지 않은 단어는 약하고 빠르게 발음한다는 거죠. 그럼 예문을 통해 이 내용을 자세히 살펴보겠습니다.

첫째, 동사 부분인 have bought를 발음과 리스닝 측면에서 생각해보세요.

먼저 have bought라는 표현에서는 'have'라는 조동사가 아닌, 'bought'라는 의미동사가 중요합니다. 따라서 have와 bought를 말할 때는 같은 강세로 발음하지 말고, have는 축약형인 've처럼 약하게, bought는 상대적으로 강하게 발음합니다.

그리고 bought를 말할 때도 끝의 t(트)는 거의 들리지 않게 발음합니다. 우리 귀에는 '해브 보오트'가 아니라 마치 '브 보오'처럼 들리게 되죠.

둘째, 목적어 부분인 them a book을 생각해보세요.

본래 대명사는 앞서 썼던 명사를 반복하지 않기 위해 사용하는 것입니다. 따라서 의도적으로 강조하려는 경우가 아닌 이상 강하게 발음하지 않아요. 예를 들어 them이라는 대명사가 문장 중간에 있을 때는 '뎀'이 아니라 '덤'이나 '듬'으로 약하게 발음하죠. 사전의 발음기호 부분에 '약(弱)'이라고 표시한 것이 바로 이러한 발음입니다.

부정관사인 a도 마찬가지입니다. a의 용법은 여러 가지가 있는

데, 개중에는 '하나'라는 숫자 개념도 있어요. 이때는 중요한 의미로 사용하기 때문에 '에이'라고 강하게 발음할 때도 많습니다. 그에 반해 일반명사 앞에 관용적으로 붙이는 부정관사는 그다지 중요하지 않아요. 왜냐하면 영어는 일반명사 앞에 습관적으로 관사를 붙이거나 복수형으로 쓰기 때문이죠. 이 문장의 a는 book이라는 일반명사 앞에 습관적으로 붙이는 부정관사이므로 아주 약하게 발음합니다. 앞 단어인 대명사 them과 이어서 발음하기 때문에 마치 '드 머'처럼 들리지요.

일반적으로 영어 문장을 말할 때는 주어, 동사, 목적어에 해당하는 단어를 강하게 발음합니다. 그리고 기능어에 속하는 조동사, 전치사, 관사, 대명사는 상대적으로 약하게 발음하죠.

자, 이제 결론을 맺겠습니다. 이어폰을 꽂고 수백 번 반복해서 듣는다 해도 'I have bought them a book'이라는 문장을 제대로 듣기는 어려워요. 만약 '아이 해브 보오트 뎀 어 북'이라고 읽는다면 이 문장을 제대로 리스닝할 수가 없습니다. 제대로 발음할 때에야 제대로 들을 수 있으니까요.

그렇기 때문에 리스닝의 절반은 발음에 달려 있다고 해도 과언이 아닙니다. '아이 브 보오 드 머 북'이라고 발음하는 사람이라야 이 문장을 제대로 들을 수 있습니다.

외국어는 어차피 모방입니다. 리스닝을 잘하려면 원어민의 발음을 들으며 모방하는, 즉 따라 읽는 연습이 필요합니다. 유럽 학생들이 되도록 큰 소리로 문장 읽는 연습을 하는 것도 같은 이유입니다. 리스닝 실력이 향상되는 최선의 지름길이니까요.

영화 한 편으로 리스닝과 스피킹을 동시에!

OO그룹에 다니는 정OO 이사는 외국에서 영어를 배운 적이 없는 순수 국내파입니다. 업무상 미국 출장 며칠을 다녀온 게 전부예요. 하지만 영어 실력은 10년 넘게 미국에서 거주한 사람을 능가합니다. 그뿐 아니라 자신의 탁월한 영어 구사력을 무기로, 3류 대학 출신이라는 학력 콤플렉스를 극복하고 유명 대기업에서 임원직에 올랐지요. 한마디로 영어 입지전적인 사람이에요. 저는 하도 신기한 나머지 대체 어떻게 공부했는지 솔직히 물어봤어요.

"어떻게 그렇게 영어를 잘하세요? 혹시 무슨 비결이라도 있으세요?"

"저는 학벌이 좀 시원찮은 편이라, 회사에서 제가 살아남는 길은 오직 영어뿐이라고 생각했어요. 그래서 닥치는 대로 영어 공부를 했죠. 그렇지만 회화와 청취는 좀처럼 늘지 않더라고요. 그러던 차에 친구가 '영화 동영상으로 영어 공부를 해보라'고 권하면서 구체적인 방법을 알려줬어요."

그러고는 영화 한 편을 활용한 자신만의 독특한 영어 말하기 공부법을 말해줬습니다.

첫째, 영어 학습에 도움이 될 만한지, 대본을 구할 수 있는지를 잘 알아본 뒤 영화를 고른다.

둘째, 인터넷을 뒤져서 원하는 영화를 구입하거나 다운로드한다. 그런 다음 오디오만 별도로 녹음해두고, 영화 대본 웹사이트에서 대본을 받아 프린트해둔다.

셋째, 영화 대사가 담긴 오디오파일을 가지고 다니면서 외우다시피 한다. 최소한 100회 이상 듣는다. 그런 다음 직접 보면서 확인해야 할 부분만 틀어서 본다.

넷째, 영화 대본으로 어휘와 독해 연습을 틈틈이 해둔다.

다섯째, 영화의 대사 내용을 모두 외워서 술술 말하고 완벽히 들을 수 있을 때까지 반복한다. 그 전에는 결코 다음 영화로 넘어가지 않는다.

대단한 노력이죠? 그렇다면 정 이사는 영화 한 편을 몇 번이나 들었을까요? 다섯 번? 열 번? 이어지는 정 이사의 이야기를 들으면 깜짝 놀라실 겁니다.

"저는 정말 우직하게 친구가 얘기해준 방법대로 했어요. 영화를 하나 고르면 거짓말 안 보태고 족히 100번 이상은 대사 내용을 들었을 거예요. 그렇게 영화를 다섯 편쯤 뗐더니, 영어가 조금씩 들리기 시작하더군요. 그리고 영화 한 편을 떼는 속도도 이전보다 훨씬 빨라졌죠.

가장 힘든 고비는 영화 대사를 두 번째, 세 번째 들을 때였어요. 자꾸 다른 영화로 바꿔서 공부하고 싶은 충동이 일더라고요. 입시에서 재수나 삼수가 힘든 이유와 마찬가지죠. 이미 다 알고 있는 내용이잖아요. 그래도 꾹 참고 영어 구사력 향상을 위해 끈기 있게 듣다 보니, 그다음부터는 반복해서 듣는 것이 그렇게 힘들지 않더라고요. 영화 대사를 듣는 게 거의 습관이 되어버린 거죠. 그리고 나중에는 중독 수준이 돼버렸어요.

그렇게 영화 대사 오디오파일을 100번 이상 듣고 난 뒤에는 대사 내용을 눈 감고 읊을 수준이 되었어요. 외우려고 해서 외운 것이 아니라 자꾸 반복해서 듣다 보니 저절로 외워진 거예요. 말하자면 리스닝과 스피킹이라는 두 마리 토끼를 잡는 데 성공한 거죠."

정 이사의 이야기에 자극을 받아 '그래, 나도 영화를 가지고 리스닝과 스피킹이라는 두 마리 토끼를 한 번에 잡아봐야지!'라고 결심하는 독자분도 계실 듯합니다. 하지만 정 이사처럼 영화 한 편을 100번 이상 듣는 건 정말 실천하기가 어려워요. 아마 두세 번 듣다가 포기하는 사람도 많을 거예요.

게다가 이 노력보다 중요한 점은 문법 규칙의 문장 적용능력, 즉 문장 응용능력이 있느냐 하는 것이지요. 만약 문장 응용능력이 없는 사람이라면, 영화 열 편을 떼어도 리스닝만 좀 늘고 스피킹은 기대만큼 늘지 못할 겁니다. 그리고 만약 늘더라도 꽤나 속도가 더딜 거예요.

정 이사와 이야기를 나누다 보니 기본적으로 외국어에 재능이 있는 사람이라는 사실을 알게 되었습니다. 그리 큰 어려움 없이 문법을 적용해 문장 만들기가 가능한 사람이었지요. 선천적으로 문장 응용능력을 타고난 행운아였죠. 그런 바탕이 있었기에 후천적인 노력이 제대로 결실을 맺은 거였어요.

자, 이제 결론을 말씀드리겠습니다. 영어 외우기가 효과를 거두려면 문장 응용능력이라는 기초가 뒷받침되어야 합니다. 영어 실력이 엇비슷한 두 사람이 똑같은 영어책을 외우더라도, 성과에서 얼마든지 차이가 날 수 있어요. 그리고 그 원인은 개개인의 문장 응용능력 차이에 기인합니다. 그러므로 영어 외우기 자체만으로 효과를 판단하는 것은 합리적이지 않아요. 중요한 것은 문장 응용능력을 먼저 기른 후에 영어 외우기에 도전해야 한다는 점입니다. 잊지 마세요!

PART 2

영어 불통자를 만드는 4대 장벽

“

영어 말하기란 결국 학습자가 매일 스스로 입을 열어 영어 문장을 반복하여 말하는 훈련을 꾸준히 실천해야 이룰 수 있습니다. 이때 선생님은 단지 도우미 역할을 할 뿐입니다. 그러므로 선생님이나 누군가에게 의존하려는 타성을 버리고, 스스로 끝까지 실천하는 독립심과 의지를 길러야 합니다.

”

CHAPTER 1

영어 불통자 탈출 프로젝트

SENTENCE BUILDING

영어만 말하려면 꿀 먹은 벙어리

인천국제공항은 1년 365일 매일같이 24시간 내내 수많은 사람들로 북적이는 곳입니다. 저는 2007년 초에 캐나다 밴쿠버로 이민을 떠난 뒤 2015년 다시 한국으로 돌아올 때까지 매해 서너 번씩 한국을 방문했습니다. 그리고 그때마다 인천공항이 어떻게 변화하고 있는지 생생히 목격했습니다.

2014년 무렵으로 기억합니다. 인천공항의 풍경이 달라지기 시작했습니다. 이전까지만 해도 주말에나 붐볐지, 평일에 출국 심사를 위해 긴 줄이 늘어서 있는 경우는 드물었습니다. 그러나 이용객이 점차 늘어나더니 요즘은 일주일 내내 새벽부터 밤늦게까지 붐빕니다. 추석이나 설 같은 명절마다 나오는 '인천공항의 이용자 수가 해마다 최고 기록을 갱신한다'는 뉴스가 바로 그 증거입니다. 아무래도 해외여행이 일종의 라이프스타일로 자리 잡은 듯합니다.

그런데 말이죠. 해외여행객 중에 이런 푸념을 늘어놓는 사람이 엄청 많다는 사실, 혹시 알고 계시나요?

> "혼자 패스트푸드점에서 영어로 자신 있게 햄버거라도 주문해봤으면 좋겠어요. 또 현지인이나 외국인 관광객이랑 영어로 대화 좀 해보고 싶었는데, 꿀 먹은 벙어리처럼 입이 안 떨어져서 너무 슬프고 한심스러웠어요."

> "현지인한테 길을 물었는데 마침 제가 가는 방향으로 간다기에 같이 걷게 되었어요. 그래서 한 5분을 걸어갔는데요. 세상에나, 뭐라고 말하는지는 알겠는데 입이 안 떨어지는 거예요. 아무 말도 생각나지 않는 바람에, 평소에는 잘 웃지도 않는 편인데 입이 뻐근할 정도로 미소만 지었어요. 헤어지고 돌아서는데 참 기분이 그렇더라고요."

전 국민이 영어 공부에 엄청난 돈과 시간을 쏟아부었는데, 왜 이렇듯 초라하고 참담한 영어 성적표를 받아들게 된 걸까요?

어쩌면 그 원인은 우리나라의 학교 교육에 있을지도 모른다는 생각이 듭니다. 우리나라의 영어 교육정책은 독해와 문법 위주의 문제풀이식 수험영어 중심이잖아요. 그러다 보니 입과 귀가 트이기 힘들 수밖에요.

교육정책의 방향성이 얼마나 큰 영향을 미치는지를 단적으로 보여주는 예는 바로 수능시험입니다. 1990년대에 시작된 대학수학능력시험에 영어 듣기평가가 도입되면서 정말 극적인 변화가 일어났거든요. 그 전까지는 영어 회화가 목적인 경우가 아닌 이상, 영어 듣기를 따로 하지 않았어요. 그러나 수능에 영어 듣기평가가 포함되면서 단번에 분위기가 바뀌었지요. 귀에 이어폰을 꽂고 영어를 청취하는 학생들의 모습이 여기저기서 보이기 시작했습니다.

《성문종합영어》로 대변되는 시대에서 소리에도 신경 쓰는 시대로의 이행은 이렇게 열렸답니다. 그리고 언젠가 교육 당국의 정책이 말하기 중심으로 바뀌는 날이 온다면, 그때는 또 다른 변화가 시작될 것입니다. 하지만 그때까지는 지금의 풍토가 계속되지 않을까 싶어요.

그러나 어찌 보면 교육정책만 탓할 수도 없어요. 영어 교육정책에 순응하는 척하며, 정작 '왜 투자한 만큼 결과가 나오지 않지?'라고 의심하며 해결책을 찾으려고 하는 '영어 소비자 권리' 찾기에 소홀하거나 무관심했던 우리 모두의 잘못도 그에 못지않습니다. 한국 정치의 수준을 남의 일처럼 싸잡아 비난하지만 정작 그것이 우리 자신의 시민의식을 반영하듯, 우리의 초라한 영어 구사력 또한 우리 자신의 잘못된 영어 공부 관행과 의식이 그대로 반영된 결과이기 때문입니다.

영어 불통자를 만드는 4대 장벽

사람은 배우기를 원한다. 하지만 고통 없는 배움은 없다.

그리스 철학자 아리스토텔레스의 말입니다. 배우는 과정에서 우리는 자신뿐 아니라 익숙한 관행 역시 끊임없이 부정해야 하기 때문입니다. 지금까지 알고 있었던 것 혹은 익숙한 것을 부정하지 않고서 새롭게 배울 수 있는 것은 매우 적습니다. 마치 내 몸의 세포가 일정 시간이 지나면 죽어야 새로운 세포가 생성되는 것처럼,

자기 발전을 이루려면 자기 자신은 물론 이제까지 익숙하게 몸에 밴 관행을 부인하는 노력이 필요합니다.

이제라도 더 늦기 전에 냉철한 현실 분석을 바탕으로 영어 불통자 신세를 탈출할 수 있는 지혜롭고 실천 가능한 학습법을 스스로 찾아나서야 합니다. 그럼 지금까지 우리를 영어 불통자로 만들어 왔던 잘못된 영어 공부 관행과 의식의 정체는 과연 무엇일까요?

저는 그 원인을 크게 네 가지로 봅니다.

첫 번째, 4스킬 강박증

두 번째, 문법 비만증

세 번째, 수업 우울증

네 번째, 원어민 망상증

저는 이 4대 영어 장벽이 복합적으로 작용해 우리를 영어 불통자로 만들고 있다고 생각합니다. 이는 단순한 추론이 아니라, 치열한 생존 현장에서 영어를 직접 사용해보고 또 다년간 영어 교육 현장에서 지도하면서 얻은 생생한 경험의 산물입니다. 그럼 다음 챕터에서는 이 4대 영어 장벽을 하나씩 짚어보기로 하겠습니다.

CHAPTER 2

4스킬 강박증: 하라는 대로 다 했는데 말 한 마디 못 하겠어요!

SENTENCE BUILDING

영어 말문을 가로막는 티칭 방식의 학습

영어학원을 고를 때 4스킬을 가르치는지의 여부를 중요한 선택 기준으로 삼는 분이 참 많습니다. 즉 읽기 · 듣기 · 쓰기 · 말하기를 모두 가르쳐야 좋은 학원으로 생각하는 것이지요. 그리고 커리큘럼에 4스킬이 모두 포함돼 있어야 시스템이 제대로 자리 잡힌 학원이라고 생각합니다.

영어 교수법에 따르면 '영어 4스킬'이란 영어를 이해하고 표현하는 데 필요한 리딩 · 리스닝 · 라이팅 · 스피킹의 네 가지 학습 영역을 의미합니다. 그리고 이 가운데 리딩과 리스닝을 이해 기능으로, 라이팅과 스피킹을 표현 기능으로 분류합니다. 이해와 표현 기능이 어우러진 영어를 통합적으로 배운다는 것은 누가 보더라도 이상적입니다. 하지만 현실은 우리의 기대와 사뭇 다릅니다.

영어학원에서는 대부분 4스킬을 모두 가르친다고 말을 합니다. 그러나 주로 하는 것은 시험 고득점을 목표로 한 리딩과 리스닝, 즉 읽기와 듣기입니다. 라이팅과 스피킹, 즉 쓰기와 말하기는 구색 갖추기에 불과한 경우가 대부분입니다. 그중 말하기의 경우에는 원어민 수업이나 음성인식 자동평가 엔진을 이용한 온라인 스피킹 학습이 그나마 대안인 셈이에요.

하지만 한번 생각해보세요. 원어민 선생님이 주로 말하고 학생들은 듣는 티칭 방식의 교육, 교재 진도 떼는 데 중점을 둔 수업이 스피킹 향상에 얼마나 도움이 될까요? 스피킹이 아닌 리스닝 실력을 늘리는 데에는 꽤 도움이 될 테지만요.

음성인식 자동평가 엔진 역시 마찬가지입니다. 평가 엔진의 신뢰도를 떠나, 컴퓨터 앞에서 자연스럽게 영어를 할 수 있는 사람이 과연 얼마나 될까요? 그런 상황에서 학생들의 영어 발음을 아무리 완벽하게 평가한들 무슨 의미가 있겠습니까?

문제는 결과잖아요. 이런 식의 영어 학습을 통해 스피킹을 잘하게 된 경우를 주위에서 얼마나 보셨나요? 다음은 한국 바둑의 미래를 진지하게 고민하고 있는 이세돌 기사의 발언입니다.

> 예전에는 바둑의 무한한 길을 스스로 깨치도록 했습니다. 그러나 요즘의 바둑 교육은 마치 입시 시험처럼 정석과 묘수풀이 등 승부에서 이기기 위한 주입식 교육이 주를 이룹니다. 그런 교육은 어느 정도는 버티겠지만 세계 최정상의 자리를 유지할 수는 없어요. 현실이 이렇게 변한 데에는 학부모들의 잘못도 커요. 아이들이 어떻게 성장해야 하는지는 사범들이 잘 아는데, 이를 믿지 못하고 닦달하는 학부모 탓에 성적에만 매달릴 수밖에 없죠. 이래서는 중국은 물론 인공지능을 극복할 수 없어요.
>
> _〈경향신문〉(2013. 02. 08.)

이 고백에서 '바둑'이란 단어의 위치에 '영어'라는 단어를 대입하여 다시 한 번 읽어보세요. 어떠세요, 전혀 어색하지 않죠? 이것이 오늘날 우리가 배우는 영어의 현실이기도 하답니다.

4스킬, 우선 쓰기와 말하기에 집중하라

아마 영어를 배우는 사람들은 대부분 4스킬 강박증이 있을 거예요. 하지만 한번 생각해보세요. 읽기 · 듣기 · 쓰기 · 말하기를 모두 공부하려면 언제나 시간이 부족하지 않던가요? 또 나름대로는 열심히 공부한 것 같지만, 정작 영어 말하기에는 큰 성과가 없지 않던가요?

수능시험을 치른 한국의 대다수 성인 학습자들은 사실 읽기와 듣기에는 그다지 큰 문제가 없습니다. 진짜 문제는 쓰기와 말하기입니다.

쓰기와 말하기는 동전의 양면과 같습니다. 머릿속으로 영어 문장을 만들어서 손으로 쓰면 '쓰기'이고, 입으로 말하면 '말하기'입니다. 그러므로 영어로 자기 생각을 말할 수 있으려면 4스킬 가운데 표현 기능에 해당하는 쓰기와 말하기에 집중해야 합니다.

자, 그렇다면 방법은 간단하죠. 익숙하고 편한 읽기와 듣기 중심의 학습에서 벗어나세요. 쓰기와 말하기는 읽기와 듣기를 어느 정도 하고 나서 나중에 하는 것이 아닙니다. 이는 선택의 문제이고, 선택은 포기를 전제로 합니다.

자기 자신을 다시 한 번 되돌아보세요. 그동안 영어 학습을 하면서 읽기와 듣기, 쓰기와 말하기 가운데 어느 쪽에 많은 시간을 투자하셨나요? 그리고 혹시 말하기를 뷔페의 여러 메뉴 가운데 하나처럼 취급하고 대충 공부하지는 않았나요?

주위 사람들이 대부분 시험이나 점수를 목표로 읽기와 듣기 위주의 영어 공부를 하고 있는데, 나만 홀로 쓰기와 말하기 공부를 계속해나간다는 것은 생각처럼 쉬운 일이 아닙니다. 특히 다른 사람들은 어떻게 하는지에 대해 관심이 많고 민감한 한국 사람들에게는 더욱 그렇습니다. 제가 예전에 어느 방송 프로그램에 출연해 이런 한국인들의 성향에 대해 다음과 같이 말한 적이 있습니다.

"한국 사람들은 천국도 혼자 가라고 하면 아마 쑥스러워서 잘 못 갈 거예요. 하지만 여럿이 손잡고 가라고 하면 지옥도 즐겁게 콧노래를 흥얼거리며 갈걸요?"

영어로 말하는 능력을 키우려면 쑥스러움을 이길 수 있는 용기와 더불어 확고한 목표 의식이 필요합니다. 4스킬 학습이 아무리 이상적이더라도 결과적으로 영어 불통자 탈출의 꿈을 이루어주지 못한다면, 대체 무엇을 위해 그렇게 열심히 공부하는 건지 다시 한 번 돌이켜볼 필요가 있습니다.

CHAPTER 3

문법 비만증:
문법은 아는데 문장은 왜 안 될까요?

SENTENCE BUILDING

영어 불통자의 지름길, 문법 따로, 회화 따로

제가 독일 대학에서 스페인어를 배울 때의 일입니다. 영어영문학을 전공했지만 제2외국어로 스페인어를 배워야 했습니다. 그때까지 스페인어를 배워본 적이 없던 저는 입문 과정부터 들어야 했지요.

교재를 처음 봤을 때 상당히 충격을 받았습니다. 알파벳이나 스페인어 기초 문법부터 시작하리라 예상했는데, 일상 대화가 바로 나오는 겁니다. 그리고 발음이나 문법 설명은 대화 본문을 이해하는 데 꼭 필요한 최소한의 내용만 수록돼 있었습니다. 졸지에 스페인어 초급 문법 과정을 이수하고 회화 클래스를 수강하는 학생이 된 느낌이었습니다.

처음에는 이 같은 외국어 접근 방법에 적응하기가 꽤나 힘들었습니다. 하지만 시간이 흐르고 교재를 뗄 무렵이 되자, 비록 기초 수준이기는 하지만 어느 정도 스페인어를 말하고 쓸 수 있게 되었습니다. 즉 한국식 외국어 교육의 고질적 병폐인 '문법 따로, 회화 따로'의 증상이 나타나지 않았던 겁니다.

우리는 문법, 특히 문법 이론과 규칙을 학습하는 데 너무 많은 시간을 투자합니다. 영문법을 배우는 목표는 영어 문장을 읽고 쓰고 능숙하게 말하는 데 있습니다. 그러나 현실은 문법 덕분에 읽기(독해)까지는 어느 정도 가능해졌지만, 쓰기와 말하기는 여전히 안갯속을 헤매고 있지요. 여전히 '문법 따로, 회화 따로' 증상인 '문법을 위한 문법' '시험을 위한 문법' 공부에 머무르고 있습니다.

이에 반해 유럽 학생들이 문법을 공부하는 방법은 우리와 상당한 차이가 있습니다. 우리는 주로 문법책을 처음부터 끝까지 진도 떼기 식으로 공부하지만, 유럽 학생들은 문법책을 마치 사전을 이용하듯 모르는 부분이 나올 때마다 그때그때 찾아서 확인하고 익힙니다. 이러한 학습법으로 문법을 위한 문법 공부에서 벗어나는 것이지요.

유럽식 방법으로 외국어를 익히려면, 문법을 단지 규칙이나 이론이라고 생각하면 안 됩니다. 오히려 문법이야말로 문장을 이해하고 만드는 데 필요한 실용 가이드라인이라고 여기는 사고의 일대 전환이 필요합니다. 다시 말해 문법을 딱딱한 규칙이 아니라, 단어를 결합해 문장을 만드는 말랑말랑한 강력접착제로 생각하는 인식의 전환이 필요한 것입니다.

영어도 이제 S라인으로!

문법을 영어로 grammar라고 합니다. 그런데 사실 우리가 공부하는 것을 잘 들여다보면 문법이라기보다는 명사, 동사, 형용사, 접속사 등 이른바 '영어 8품사'입니다. 그러나 이와 같은 문법 공부로는 영어 말하기를 잘하기가 어렵습니다. 왜냐하면 8품사 위주의 이론적 문법 학습은 문장을 분해하여 이해하는 데에는 도움이 되지만, 문장을 조립하여 쓰거나 말하는 능력을 키워주지는 못하기 때문입니다.

영어 말하기와 쓰기를 잘하려면 문장 조립능력이 필수적입니다. 그리고 문법은 문장 조립능력을 연마하는 데 필수적입니다. 하지만 이때 필요한 건 단지 문법 이론이나 규칙을 습득하는 것이 아니라, 문법 규칙을 문장에 적용할 수 있는 응용능력을 키우는 데 있습니다.

문제는 바로 이것이죠. 우리는 지금까지 문법 응용능력을 키우기보다 문법 규칙 습득에 치중함으로써, 결국 영어 불통자 신세를 면치 못하게 된 겁니다. 단어를 아무리 많이 알아도, 10년 넘게 학교나 학원에서 영어 공부를 해도, 하고 싶은 말 한 마디 영어로 못하는 신세인 거죠.

영어 교육학에서는 이를 크게 두 종류로 나눕니다. 하나는 8품사를 포함한 이론 및 규칙 위주의 문법(receptive grammar)입니다. 《성문종합영어》 시대에 집중했던 문법이에요.

또 다른 하나는 문법 응용능력에 초점을 맞춘 실용 문법(productive grammar)입니다. 그리고 요즘 전 세계적으로 영문법 학습의 대세는 실용 문법 또는 영어 커뮤니케이션 능력 배양에 초점을 맞춘 문법(communicative grammar)입니다.

특히 후자의 두 경우는 일상생활에서 영어를 사용할 기회가 거의 없이 영어를 단지 외국어로만 배우는 EFL(English as a foreign language) 환경의 한국, 중국, 일본 등 동아시아 국가의 학습자들에게 매우 유용합니다. 그러니까 이제부터는 문법을 위한 문법, 시험을 위한 문법 공부는 그만두세요. 그리고 '영어 S(speaking)라인'을 위한 문법 다이어트를 시작하세요.

CHAPTER 4

수업 우울증:
영어 말문은 대체 언제 트이나요?

SENTENCE BUILDING

영어에도 개인 PT가 필요하다

우리나라 판소리는 서양 음악과 달리 악보가 따로 없습니다. 스승은 제자가 부르는 소리를 듣고, 가르침을 줍니다. 제자는 치열한 연습을 통해 스스로 소리를 터득해나가야 하죠. 스승은 제자가 스스로 길을 찾도록 옆에서 도와주거나, 제자가 필요로 할 때 자신의 생각을 전달해주는 역할을 합니다.

어찌 보면 가장 바람직한 교습법이라 할 수 있겠죠. 제자는 스스로 연습하여 깨우침을 얻고, 스승은 옆에서 바로 자랄 수 있도록 돕고, 답을 못 찾을 때는 가르침을 줍니다. 영어 말하기 수업의 풍경도 바로 이래야 합니다. 학생 스스로 입을 열고 말을 해야만 하는 시간이니까요.

그러나 현실은 완전히 다릅니다. 선생님은 가르치고 학생들은 묵묵히 받아 적는 것이 불변의 진리인 듯, 일방적인 티칭 수업이 몇십 년째 지속되고 있습니다. 이는 주입식 교육 풍토와 함께 콩나물 시루처럼 한 교실에서 많은 학생들을 가르쳐야 했던 베이비부머 시대의 열악한 교육 환경의 영향 때문이기도 합니다.

한국 최고 기타리스트 가운데 한 사람으로 꼽히는 함춘호는 "어떻게 하면 기타를 잘 연주할 수 있나?"라는 질문을 받고 이렇게 대답했습니다.

> "일단 유명한 기타리스트들의 연주를 자꾸 따라 하라고 조언하고 싶어요. 똑같이 흉내 내다 보면 궁극적으로 자신의 얘기를 할 수 있는 연주법을 터득하게 되죠. 제가 생각하기에 악기는 투자한 만큼 결과가 나오는 것 같아요. 저도 좋은 곡은 하루 종일 쳤어요."

기타리스트가 연주를 잘하기 위해 좋은 곡을 무수히 따라 하듯, 스피킹을 잘하려면 좋은 문장 따라 말하기를 반복하며 자기 것으로 만들어야 합니다.

스피킹이란 유명한 스타 강사의 강의를 듣는다고 되는 것이 아닙니다. 학습자 스스로 입을 열고, 문장을 말하고, 반복훈련을 하며, 스스로 체화해야 합니다. 그래야만 비로소 영어 말문이 열립니다.

애석하게도 인간의 성취동기는 기대만큼 오래가지 않습니다. 보통 사람은 사흘, 의지가 굳은 사람이라고 해도 길어야 2~3개월 정도입니다. 따라서 누군가 계속해서 확인하고 동기를 부여해주지 않으면, 90퍼센트의 학생은 영어 말하기 훈련을 중도에 포기하고 맙니다.

바로 이럴 때 코치의 도움이 필요한 것입니다. 헬스클럽에서 퍼스널 트레이너의 도움이 있어야 꾸준히 그리고 효과적으로 운동을 할 수 있는 것과 같은 이치입니다.

영어 수업, 이제 티칭 중심에서 코칭 중심으로!

최근 '1:1 코칭' 또는 '자기주도형 코칭 수업'을 차별화 특징으로 내세운 영어학원이 늘어나는 추세입니다. 하지만 저는 이를 볼 때마다 궁금해집니다. 수강생이 입을 열어 말하고, 학습이 아닌 훈련을 자기주도적으로 하게끔 유도하는, 진짜 개별 코칭을 해주는 학원은 얼마나 될까요?

제 경험으로 미루어보자면 매우 적을 것이라고 예상합니다. 아주 솔직하게 말을 한다면 가장 큰 이유는 교육자들 때문이긴 합니다. 왜냐하면 선생님들부터 여전히 티칭과 코칭을 혼동하고 있기 때문이에요.

'코칭'은 스포츠나 교육 분야에서만 사용하는 용어가 아닙니다. 경영컨설팅 분야에서도 코칭이라는 용어를 자주 사용합니다. 예전에 경영코칭 세미나에 참석한 적이 있는데, 그때 들었던 코칭의 정의가 아주 인상적이었습니다.

> "누군가에게 무언가를 가르칠 때, 여러분이 말하는 비율이 20퍼센트를 넘으면 그건 코칭이 아니라 이미 티칭입니다. 진정한 코칭은 하고 싶은 말을 최대한 절제하면서, 학습 대상이 스스로 깨달아 실천하게끔 짧고 명쾌한 질문을 계속 던지는 겁니다."

그 후로 저는 늘 이 말을 가슴에 새기며 영어 교육 코칭을 하려고 노력한답니다. 또 《탈무드》에는 교사와 관련해 이런 얘기가 나옵니다.

> 교사는 혼자만 알고 떠들어대서는 안 된다. 학생이 잠자코 듣기만 할 때 이를 방치하는 것은 흡사 여러 마리의 앵무새를 길

러내는 것과 다를 바 없다. 교사가 말하면, 학생은 그에 대한 질문을 해야 한다. 어떤 문제에 대해서든 교사와 학생 사이에 주고받는 말이 많아진다면, 그만큼 교육의 효과도 커지게 마련이다.

또《어린 왕자》의 작가인 생텍쥐페리는 이런 말을 남겼어요.

만약 당신이 배를 만들고 싶으면 사람들을 불러 모아 목재를 가져오게 하고, 일을 지시하고, 일감을 나누어주는 식으로 하지 마세요. 대신 그들에게 저 넓고 끝없는 바다에 대한 동경심을 키워주세요.

영어 말하기 코칭을 하는 선생님은 학생에게 바다에 대한 동경심을 심어줘야 합니다. 그래서 학생 스스로 가슴 설레는 항해를 위해 배를 만들고 싶어지도록 유도해야 합니다. 즉 '왜 영어 공부를 해야 하는가?'에 대한 분명한 목표와 비전을 심어줘, 학생 스스로가 영어 말하기 훈련을 실천하고 싶도록 마음을 움직여야 한다는 뜻입니다.

예전에 텔레비전을 보다 축구 해설가 한 명이 독일에서 지도자연수 기간 중에 겪었던 경험담 이야기하는 것을 들은 적이 있었는데, 무척 공감이 갔습니다.

"제가 독일 쾰른 지역 유소년팀 감독으로 있었을 때의 일입니다. 지역 토너먼트 대회 도중 골키퍼가 큰 실책을 저지르기에 곧바로 교체해 결국 승리를 거두었습니다. 저는 교체 결정을 당연한 것이라고 생각했죠. 그런데 이튿날 총괄 감독과 코치, 트레이너, 매니저가 모인 평가 토론회에서 심한 질책을 받았습니다.

'당신은 트레이너 자격이 없는 사람입니다. 당신은 청소년에게 실수할 수 있는 기회를 박탈했어요. 어린 선수들은 실수를 통해 배우고 큰 선수가 되는 거예요. 그렇지 않다면 왜 청소년기를 거치겠어요?'

그때 저는 큰 교훈을 얻었습니다. 축구는 즐기는 것이며, 실수는 그 과정에서 자연스레 나온다는 사실을 말이에요."

영어 말하기 교육이 제대로 이루어지려면 선생님이 주인공인 기존의 티칭 중심 수업에서 학생이 주인공인 코칭 수업으로 바뀌어야 합니다. 이와 함께 수업에 의존하여 영어 말하기 실력을 키우려는 학습자들의 잘못된 의식 또한 달라져야 합니다.

영어 말하기란 결국 학습자가 매일 스스로 입을 열어 영어 문장을 반복하여 말하는 훈련을 꾸준히 실천해야 이룰 수 있습니다. 선생님은 단지 도우미 역할을 할 뿐입니다. 그러므로 선생님이나 누군가에게 의존하려는 타성을 버리고, 스스로 끝까지 실천하는 독립심과 의지를 길러야 합니다.

CHAPTER 5

원어민 망상증: 원어민 선생님이 부담스러워요!

SENTENCE BUILDING

원어민 대화, 오히려 독이 될 수 있다

'스피킹'이라는 말을 들으면 어떤 말이 연상되세요? 아마 상당히 많은 사람이 '원어민' '전화영어' '화상영어'라는 단어부터 떠올릴 겁니다. 이처럼 영어 말하기를 익히려면 반드시 원어민과 함께해야 한다는 편견에 가까운 고정관념이 널리 퍼져 있습니다.

물론 영어 말하기를 하려면 원어민처럼 영어로 대화할 수 있는 상대가 필요합니다. 하지만 문제는 다른 데 있습니다. 원어민과 대화할 준비도 제대로 안 된 상태에서 무턱대고 원어민에게 들이대는 무모함입니다.

평소에 훈련을 게을리했던 운동선수가 실전 경기만 참가할 수는 없는 법이지요. 그렇지만 실전 경기는 한 번도 경험하지 않고 훈련만 계속하는 운동선수도 없습니다. 훈련과 실전을 서로 반복해가며 실력과 경험을 차근차근 쌓아나가는 것이 대다수 운동선수들이 걷는 길입니다.

영어 말하기도 마찬가지입니다. 훈련과 실전이라는 두 바퀴의 균형을 적절히 맞춰가며 굴려야 합니다. 이때 원어민과 대화는 실전에 해당합니다.

그러나 실전에 해당하는 원어민 대화에서 효과를 얻으려면 전제 조건이 하나 필요합니다. 평소부터 영어 말하기 훈련을 꾸준히 해둬야 한다는 거죠. 자기 생각을 영어 문장으로 표현하는 능력을 갖춰놔야만 원어민과 대화에서 능력치를 높일 수 있습니다. 그렇지 않으면 오래 지나지 않아 원어민 대화가 부담스럽게 느껴질뿐더러, 처음의 의욕이 점점 사라지고 마니까요. 즉 충분한 훈련을 한 뒤에 원어민과 실전에 나서야 합니다.

유의할 점이 하나 더 있습니다. 충분한 훈련 뒤에 원어민과 실전 대화를 하겠다는 단선적 사고에서 벗어나, 훈련과 실전을 서로 오가며 상생 효과를 일으키겠다는 선형적 사고를 해야 한다는 점입니다.

사실 '충분하다'는 표현은 참 애매해요. 얼마만큼 훈련해야 충분한 것일까요?

여기서 팁을 하나 드리겠습니다. 너무 훈련에만 집착하지 마세요. 자기 생각을 어느 정도 영어로 표현할 수 있다는 생각이 들면, 원어민과 실전 대화를 겁내지 말고 틈틈이 시도해보는 편이 좋습니다. 그래야 자극도 되고, 동기부여도 되고, 보다 구체적으로 방향을 세우며 평소의 영어 말하기 훈련을 효과적으로 할 수 있거든요.

어학연수는 만능해결사가 아니다

원어민 대화가 영어 말하기에 도움이 되는 것은 확실합니다. 그렇다면 원어민 대화가 영어 불통자 탈출의 만병통치약일까요?

한번 생각해봅시다. 영어권 국가로 어학연수를 다녀온 사람은 정말 많습니다. 그러나 어학연수로 영어 말하기 실력이 일취월장해서 돌아온 사람은 그리 많지 않습니다. 물론 영어 말하기 실력이 크게 향상되어 돌아온 경우도 있기는 하죠. 이런 경우는 한국에서 기본적으로 영어 기본기를 갈고닦은 다음, 현지 원어민과 풍부한 대화를 통해 말하기 실력을 한층 업그레이드한 사람이 대부분이에요.

그에 반해 '영어권 국가로 1년쯤 어학연수를 다녀오면 영어 말하기 실력이 꽤 늘겠지'라고 막연히 생각했던 학생들은 대부분 실망을 안고 귀국합니다. 그래서 전 늘 이 말을 강조합니다. "문자(texting)를 주고받을 수 있는 원어민 친구를 사귀어라"라고 말이죠.

6개월 동안 캐나다로 어학연수를 떠날 계획을 세운 대학생 한 명이 문의를 해온 적이 있습니다.

"어떻게 해야 캐나다 어학연수를 효과적으로 할 수 있을까요? 정말 6개월 후에는 제가 영어를 잘할 수 있을까요?"

저는 그 학생에게 이렇게 충고해줬습니다.

"캐나다에서 어학연수 1년을 한다 해도 생각만큼 영어가 늘지는 않을 거야. 왜냐하면 사고 체계가 이미 한국어로 단단히 굳어 있거든. 영어가 비집고 들어갈 틈이 별로 없는 거지. 그러니까 6개월 또는 1년 동안 영어를 유창하게 하겠다는 비현실적인 기대보다는 어학연수를 통해 그동안 학생이 실천해온 영어 공부의 장단점을 잘 분석해봐. 그래서 6개월 후 한국에 돌아가 그 장단점 분석을 통해 제대로 된 영어 공부법을 찾을 수 있다면 나름대로 의미 있는 어학연수를 한 셈이지.

그리고 반드시 충고해주고 싶은 게 하나 있어. 다름 아니라 한국에 돌아가서도 휴대전화로 SNS 대화를 계속할 수 있는 캐나다 친구 한두 명을 꼭 사귀도록 해. 내가 볼 때 영어가 아직 유창하지 않은 사람들에게는 전화나 화상통화보다 문자를 통한 채팅이 훨씬 현실적이고 효과적인 방법이야. 전화나 화상통화는 실시간으로 해야 하니까 여러모로 부담스럽지만, SNS 문자 대화는 굳이 실시간이 아니더라도 되잖아? 그리고 즉시 영어로 대답해야 하는 부담도 덜 수 있고. 또 문자는 그 자체가 구어체(spoken English) 대화잖아? 메일로 쓰는 영어는 문어체(written English)인 데 반해 말이지.

만약 한국에 돌아가서도 매일 SNS 대화를 계속할 수 있는 원어민 친구를 만든다면, 그야말로 공짜로 원어민 튜터를 채용한 거나 마찬가지야. 영어 한 마디 쓸 기회가 없는 한국에서 SNS 대화를 통해 매일 영어로 생각하는 습관을 키울 수 있으니, 그야말로 최고의 방법이지. 그것도 공짜로 말이야."

반기문 총장의 '동시 영어 학습법'

유창한 영어를 구사하며 '영어 잘하는 사람'으로 보이고 싶은 분들이 상당히 많은 듯합니다. 그래서 영어 공부도 유창한 영어를 목표로 하지요.

하지만 이 목표부터 다시 한 번 생각해볼 필요가 있습니다. 영어가 유창하다고 해서 상대가 감동하며 자신의 바람을 이뤄주나요? 현실은 그리 녹록지 않습니다. 모국어가 아닌 외국어로 상대를 설득하여 자신의 목표를 이루려면, 언어에 기반한 유창성보다는 콘텐츠에 기반한 소통능력이 더욱 중요합니다.

우리는 영어가 모국어나 제2언어(second language)가 아닌 나라에서 태어나고 자랐습니다. 그런 우리에게 현실적이고 합리적인 목표는 유창한 영어 구사자(a fluent speaker of English)가 되는 것이 아니라, 지속적인 훈련으로 영어를 능수능란하게 구사하는 잘 훈련된 영어 구사자(a trained speaker of English)가 되는 것입니다. 제 생각에는 잘 훈련된 영어 구사자의 좋은 예가 바로 반기문 전 UN 사무총장이 아닐까 싶어요.

반기문 총장이 영어를 배웠던 시절엔 원어민 대화는커녕 원어민을 만나기도 어려웠습니다. 영어로 된 책이나 카세트테이프마저 구하기가 어려웠죠.

반 총장은 중학교 때 처음 영어를 접했다고 합니다. 그리고 교과서의 단어와 문장을 쓰고 큰 소리로 읽으면서 암기하는 '동시 영어 학습법'을 실천했다고 해요. 자꾸 입으로 내뱉는 연습을 반복하다 보니 자연스레 암기도 되었고, 말하기 연습에도 아주 효과적이었다고 회고했습니다.

얼마 전 유튜브에서 반기문 총장의 영어 연설 동영상을 쭉 살펴보았습니다. 그 과정에서 무척 인상적인 사실 하나를 발견했어요. 반 총장의 영어 구사력이 지속적으로 업그레이드되고 있다는 점이었어요. 지금도 계속 현재진행형으로요.

기회가 된다면 반 총장이 취임 초와 연임 후에 한 영어 연설을 비교하며 들어보세요. 여유와 자신감은 물론, 발음 및 유창성 면에서 눈에 띄게 달라진 모습을 확인할 수 있을 겁니다.

제 판단에는 반기문 UN 사무총장이야말로 가장 이상적인 영어 롤모델이 아닐까 싶어요. 반 총장이 한국 사람이기 때문은 아닙니다. EFL 환경인 한국에서 대학 교육까지 받았지만, 자기만의 학습법으로 국제사회에서 통용되는 영어 수준에 도달했기 때문이지요. 그리고 또 하나의 이유는 영어 구사력이 지금도 계속 업그레이드되고 있다는 점 때문입니다.

PART 3

콜럼버스의 달걀, 영어에도 있다

“

센텐스-빌딩 훈련은 한 문장으로 열 문장을 말할 수 있는 문장 응용능력을 길러줍니다. 그리고 문장의 뼈대 부분이 쉽게 떠오르도록 만들어줘 영어 말하기에 상당한 여유가 생깁니다. 그뿐 아니라 머릿속으로 작문하는 시간이 대폭 줄어들어 영어 말하기 속도도 빨라집니다.

입을 열심히 움직이면 그 부위에 대응하는 뇌 영역도 함께 발달된다고 합니다. 입과 두뇌는 서로 상호작용을 하면서 움직이기 때문이지요. 평소에 입을 열심히 움직이며 센텐스-빌딩 훈련을 해보세요. 언젠가는 연습 시간에 비례해 스피킹 실력도 늘어날 것입니다.

”

CHAPTER 1

"난 스피킹만 하면 돼"의 함정

SENTENCE BUILDING

난 스피킹은 못 해도 문법은 잘해

스피킹을 잘 못 하는 사람들이 즐겨 하는 변명이 하나 있어요. 바로 문법과 독해를 끌어들인 자기합리화입니다.

"저는 스피킹은 달리지만 문법 실력은 괜찮아요."

"저는 스피킹은 별로지만 독해는 잘해요."

둘 다 그럴듯하게 들리죠? 하지만 잘 뜯어보면 잘못된 인식에 기반을 둔 억지 주장입니다. 스피킹과 문법의 관계를 살펴보면 그 이유가 잘 이해될 거예요.

어떤 언어를 처음 시작하는 사람이 말을 하고 글을 쓸 수 있도록 하나의 틀을 만들어주는 것, 그것이 바로 '문법'입니다. 자, 그렇다면 '이상적인 문법'이란 무엇일까요?

언어학자들에 따르면 '어떤 언어를 처음 배우는 사람이 어느 정도 말을 하고 글을 쓸 수 있도록 틀을 잡아주고, 그것이 가능해진 후에는 머릿속에서 저절로 빠져나가는 것'이 이상적인 문법이에요. 즉 어느 수준을 넘어서면 문법적 사고에서 벗어나 자연스럽게 언어를 구사할 수 있도록 해주는 것이 바람직한 문법이라는 겁니다.

이런 관점에서 볼 때 영어 문법을 잘하는 사람은 스피킹 역시 잘해야 하지요. 스피킹을 잘 못 하는 것은 곧 문법 실력이 불완전하다는 뜻이니까요. '문법 실력이 괜찮다'는 말은 사실 문법 규칙을 많이 안다거나 문법 문제풀이를 잘한다는 뜻에 불과합니다. 진짜 문법 실력은 문법 시험 점수가 아니라, 얼마나 정확히 영어로 말을 하고 글을 쓸 수 있느냐에서 드러나는 법입니다.

독해와 스피킹의 관계 역시 마찬가지입니다. 스피킹이 어눌한 사람은 독해 실력도 불완전할 수밖에 없어요. 그런데 참 아이러니한 경우가 많아요. 영어로 말 한 마디 못 하는데, 독해 점수는 상당히 높게 나오는 사람이 꽤나 많거든요. 하지만 이런 사람들을 유심히 관찰해보면 바로 답이 나옵니다. '독해 문제풀이'는 잘하는 데 반해 '정독능력'은 떨어지는 경우가 많아요. 비록 정답은 잘 맞힐지 몰라도, 독해 문제의 지문이나 문장 내용을 구체적으로 물어보면 엉터리로 이해하고 있는 경우가 아주 많죠.

문장을 정확히 이해하지 못하더라도 답은 고를 수 있습니다. 특히 문제풀이 위주의 독해 공부를 해온 경우에는 이런 증상이 뚜렷합니다. 바로 이 점이 '독해 착시 현상'을 일으키는 원인이에요. 제 경험에 따르면 정독능력은 스피킹 능력에 비례합니다.

한번 곰곰이 생각해보세요. 문장을 만들어서 말로 표현할 줄 아는 사람이 텍스트를 올바로 이해하는 건 당연하잖아요?

읽기랑 듣기가 먼저 아니야?

여기서 꼭 짚고 넘어가야 할 것이 하나 있습니다. 바로 '스피킹'이라는 말입니다. 굉장히 많은 사람이 '스피킹'이란 단어에 대해 잘못된 편견을 가지고 있어요. 상당수의 사람들은 이렇게 말합니다.

"일단 읽기와 듣기부터 하고 나서 말하기는 맨 나중에 하려고요."

그러고는 독해와 문법 공부에 열을 올리죠. 이런 사람들은 대체로 스피킹을 생활 회화 정도로 생각하거나, 아니면 영어 4스킬 가운데 읽기 · 듣기 · 쓰기 다음의 마지막 단계로 인식하는 경향이 있더군요. 그때마다 저는 스피킹에 대한 사람들의 편견을 바꾸기 위해 이렇게 설득하곤 했습니다.

"스피킹은 단순히 회화가 아니라, 영어로 자기 생각을 표현하는 데 목표를 둔 영어의 종합적 능력입니다. 그리고 읽기 · 듣기 · 쓰기 · 말하기를 각각 따로 구분해 단계별 학습을 해서는 자기 생각을 표현하는 영어의 종합적 능력을 키우기 어렵습니다. 처음부터 말하기를 목표와 검증 수단으로 삼고, 읽기 · 듣기 · 쓰기와 유기적으로 학습해야 합니다. 스피킹 학습은 단순한 회화 공부가 아니라, 문법 · 어휘 · 독해 · 작문 등의 기초를 탄탄히 잡고 공부하면서, 이를 종합적으로 문장 만들기에 잘 적용해 영어 표현능력을 키우는 겁니다."

일본어의 경우 "나는 독해는 잘하는데 말하기가 잘 안 돼"라고 말하는 사람은 많지 않아요. 그냥 일본어를 잘하거나 못 하는 것일 뿐, 문법이나 독해를 언급하며 자기 실력을 변명하지 않습니다. 그리고 이것이 외국어를 대할 때의 올바른 태도입니다.

원어민이
영어 피로감을 만든다?

영어학원에서 스피킹을 가르친다고 하면, 일반적으로 "여기는 원어민 선생님이 몇 분인가요?"라는 질문부터 합니다. 아무래도 '스피킹 = 원어민'이라는 공식이 기본적으로 깔려 있는 것 같아요. 원어민이야말로 스피킹의 필수이자 만병통치약으로 생각하는 듯 합니다.

하지만 이 책을 읽고 있는 독자 여러분만큼은 꼭 한 번 생각해보시길 바랍니다. 현재 한국의 대형 영어학원은 대부분 원어민 수업을 기본으로 하고 있어요. 그런데 왜 여전히 영어 불통자인 사람이 이렇게 많을까요?

그 이유는 센텐스-빌딩 능력이 부족하기 때문입니다. 자기 생각을 영어 문장으로 만들어 표현하는 센텐스-빌딩 능력이 부족하다 보니, 연습 없이 실전 경기에 내몰리는 운동선수처럼 원어민 수업의 장점을 자기 것으로 만들지 못하는 거죠.

그뿐만이 아닙니다. 원어민 선생님 한 명이 여러 학생들을 대상으로 하는 영어 수업이 얼마나 효과가 있겠어요? 아마 리스닝 실력을 늘리는 데에는 도움이 될 겁니다. 또 '나는 원어민과 영어로 수업하고 있으니까!'라는 위안도 주겠죠. 하지만 제대로 된 스피킹을 한다는 측면에서는 효과가 제한적일 수밖에 없습니다.

실제로 수업 중에 학생 스스로 생각해서 입을 열고 영어로 말하는 시간과 기회가 얼마나 될 같다고 생각하세요? 특히 한국 학생들의 수동적인 수업 참여 태도를 고려해본다면, 실제 원어민 수업의 현실은 우리의 기대치와 꽤 다를 겁니다. 전화영어나 화상영어도 마찬가지예요.

센텐스-빌딩 능력이 부족한 사람은 원어민 대화를 지속적으로 이어나갈 수 없습니다. 외워서 상투적으로 사용하는 몇몇 문장을 말하고 나면 금세 레퍼토리가 바닥나니까요. 그러고 나면 처음의 스피킹 의욕도 결국 사라지고 맙니다.

또 이런 사람도 꽤 많아요. 영어학원에 다니면서 원어민 전화영어나 화상영어를 병행하는 경우죠. 영어학원에서 부족하다고 느껴지는 스피킹 연습을 전화영어나 화상영어로 보완하려는 겁니다. 하지만 제 경험에 따르면 여지껏 제대로 된 효과를 본 사람들은 별로 없습니다. 이 방법이 효과를 거두려면 다음의 두 가지 조건이 충족되어야 합니다.

첫째, 평소에 스스로 센텐스-빌딩 능력을 꾸준히 키운다.
둘째, 학원에서 배운 것을 바탕으로 수업의 연장선상에서 원어민 영어 대화가 이루어진다.

학원에서 배운 것 따로, 원어민 화상영어 따로 배운다면 스피킹 실력은 쌓이지 않습니다. 오히려 영어 피로감과 교육비 부담만 늘어날 뿐입니다. 자신의 생각을 영어 문장으로 만들어 표현할 줄 모른다면, 설사 오바마가 튜터라 하더라도 큰 효과를 보기 힘들 거예요.

CHAPTER 2

진리는
평범함 속에 있다

SENTENCE BUILDING

문제는 문법이 아니라 문법의 적용이다

청담어학원을 경영할 때의 일입니다. 어느 날 갑자기 학부모들이 영어 문법에 부쩍 높은 관심을 보이며, 방학 때 문법특강을 꼭 개설해달라고 했습니다.

전 이해가 안 됐지요. 그래서 대체 왜 《성문종합영어》 시대로 되돌아온 듯한 '문법 공부 열풍'이 불어온 것인지 알아봤습니다. 이유인즉슨 바로 작문 때문이더군요. 토플 등 서술형 영어 시험 때문에 라이팅이 점점 중요해지면서 학원에서도 아이들에게 작문 과제를 많이 내주기 시작했습니다. 그런데 아이들이 쓴 영어 문장이나 에세이를 본 부모님들이 고민에 빠졌던 거예요.

"우리 아이는 문법 기초가 너무 약한 것 같아요. 예컨대 3인칭 단수 현재일 때 동사에 s를 붙이는 것과 명사 앞에 관사를 쓴다는 것도 잘 모르는 것 같아요. 그리고 무엇보다 영어 문장을 어떻게 만드는지 아직 감이 없는 듯해요."

부모님들은 아이들의 작문 실력 부족 원인을 문법에서 찾은 겁니다. 심지어 어떤 가정은 부모님이 직접 영문법 책을 가르치고 있다고 했어요. "요즘 우리 집은 아이와 문법 전쟁 중이에요"라고 말하면서요.

물론 이런 진단이 100퍼센트 잘못된 것은 아닙니다. 하지만 문제는 문법 자체가 아니라 '문법의 적용'입니다. 아이들에게 문법을 가르치고 나서 테스트를 하면 멀쩡하게 잘해요. 하지만 문법을 적용해 문장을 만들게 하면 순식간에 무용지물이 됩니다. 즉 지금껏 배운 문법적 지식을 영어 문장 만들기에 응용하지 못하는 것이죠. 작문 실력이 부족한 아이들의 대부분은 바로 이 문제 때문에 헤매고 있어요.

일부의 경우 적용이 잘되는 아이들도 있습니다. 그런데 그런 아이들은 청학동에서 영어를 배워도 엄청나게 잘할 만한 언어 재능을 타고난 경우입니다. 아주 예외적이죠.

이런 현상은 비단 청소년들에게만 일어나는 일이 아닙니다. 성인 학습자들도 똑같습니다. 영어 말하기가 잘 안 되는 성인들을 보면 대부분 문법 규칙은 많이 알지만 적용이 잘 안 돼서 힘들어합니다.

저는 지금까지 세계 여러 나라 학생들이 영어 공부하는 모습을 관찰해왔고, 어떤 차이가 있는지 잘 알고 있습니다. 하지만 그 어떤 나라 학생도 우리처럼 문법 공부에 열을 내지 않아요. 그러나 우리만큼 영문법 규칙을 많이 알지는 못해도, 우리보다 훨씬 더 영어를 잘 말하고 잘 씁니다. 토플과 같은 국제공인 영어 시험도 우리보다 성적이 훨씬 좋고요. 문제는 문법이 아니라 문법의 적용에 있다는 점, 꼭 기억해두세요!

라이팅 실력이 곧 스피킹 실력이다

2002년 월드컵의 주역 황선홍 감독이 영국의 프리미어리그를 견학하고 왔을 때예요. 기자가 황 감독에게 "우리와 프리미어리그의 가장 큰 차이가 무엇인가요?"라는 질문을 했답니다.

"패스와 슈팅 같아요."

거창한 질문에 비해 참 평범한 대답이죠?

황선홍 감독은 축구 선수의 기본기 가운데 가장 기본기인 패스와 슈팅의 중요성을 강조한 거였어요. 영어 공부 역시 마찬가지입니다. 센텐스-빌딩은 영어의 기본기로, 운동에 비유한다면 폼(form)에 해당합니다.

예컨대 야구 투수가 멋진 폼으로 공을 던지면 보기 좋을뿐더러, 대개 성적도 훌륭합니다. 그리고 멋진 폼은 신체에 무리가 가지 않기 때문에 선수 생명 또한 길어집니다. '야구 9단'으로 불리는 김응용 감독은 언론 인터뷰에서 폼의 중요성을 이렇게 설명했어요.

> "내가 '이 선수는 된다!' 하면서 재목감을 보는 기준은 딱 두 가지야.
> 첫째, 유연해야 해. 그런 애들은 연습시키면 시킬수록 금방금방 실력이 늘지. 그리고 더 중요한 건 폼이야. 야구는 정말 폼이야. 폼 나쁜 선수 억지로 훈련시켜보라고. 몸만 고장 나.
> 메이저리그 선수들과 우리 선수들의 큰 차이점이 여기 있어. 걔들은 개인적으로 어떻게든 몸을 만들려고 하고, 스스로 만들 줄도 알잖아? 그런데 우리나라 선수들은 초등학교 때부터 누가 시키는 훈련에 익숙해. 지도자가 아침부터 저녁까지 훈련을 시키니까 개인 훈련하는 방법을 모른다고. 그게 문제지.

현실적으로 미국식만 고집해서는 안 되는 이유야, 그게."

우리처럼 영어를 외국어로 배우는 사람들에게 스피킹과 라이팅은 동전의 양면입니다. 자신이 영어로 말하는 과정을 곰곰이 생각해보세요. 우리말로 생각을 하면, 머릿속에서 다시 한 번 영어로 작문한 뒤에 말하지 않나요?

스피킹을 잘한다는 것은 곧 라이팅도 잘한다는 말입니다. 거꾸로 라이팅을 잘하는 사람은 스피킹도 잘하기 마련입니다. 한마디로 '라이팅 실력 = 스피킹 실력'이라는 등식이 성립하는 거죠. 결국 라이팅과 스피킹 실력을 늘리려면 센텐스-빌딩 훈련을 통해 영어의 기본기부터 차근차근 다져나가는 것이 필수입니다.

CHAPTER 3

영어의 '콜럼버스의 달걀'

SENTENCE BUILDING

5칙연산으로
영어 문장을 뒤흔든다

미국과 캐나다 사람들은 셈을 참 못합니다. 계산기가 없으면 간단한 암산도 제대로 못 하죠. 이유가 뭘까요? 바로 어릴 때 덧셈 · 뺄셈 · 곱셈 · 나눗셈을 연산훈련하지 않았기 때문입니다. 반면 우리는 어려서부터 연산훈련을 꾸준히 해왔기 때문에 익숙하고 셈도 빠르죠. 묻기만 하면 바로바로 답이 나옵니다.

하지만 우리가 북미 사람들보다 계산능력이 뛰어나기 때문은 결코 아닙니다. 이것이야말로 우리가 그렇게 문법을 배워도 영어로 말하기 · 쓰기가 제대로 되지 않는 이유이기도 합니다. 즉 수학의 연산훈련처럼 어려서부터 문법을 적용하여 문장을 만드는 센텐스-빌딩 훈련을 게을리했기 때문입니다.

이는 곧 외국어 재능이 부족하기 때문은 아니라는 이유도 됩니다. 다시 말해 문법을 몸으로 기억하지 않고 머리로만 기억하고, 훈련이 아니라 학습만 해왔기 때문입니다. 그러니까 머리로는 이해하면서도 막상 말하거나 글을 쓸 때는 제대로 안 되는 거죠.

따라서 영어 말문이 열리려면 규칙적인 훈련을 통해 몸이 문법을 기억해야 합니다. 즉 체화를 해야만 문법의 문장 적용이 이루어지는 것이지요. 한국적 상황에 맞춘 일종의 영어 방법론인 셈입니다. 이때 필요한 것은 문장 암기의 양이 아니라 질이에요. 외운 문장을 얼마나 잘 응용하고 말로 표현할 수 있는가에 달렸습니다.

이에 저는 덧셈 · 뺄셈 · 곱셈 · 나눗셈의 4칙 수학연산처럼 일치 · 시간 · 의문 · 부정 · 응용으로 이루어진 5칙영어연산, 곧 센텐스-빌딩을 생각해냈습니다.

〈센텐스-빌딩의 5칙연산〉

1. 일치: 주어와 동사 일치하기

2. 시간: 동사 시제 바꿔 말하기

3. 의문: 의문문 만들기

4. 부정: 부정문 만들기

5. 응용: 단어나 표현 바꿔 말하기

(예) I play a game on my cell phone.

나는 휴대전화로 게임을 해요.

1. 일치

• [he] He plays a game on his cell phone.

그는 휴대전화로 게임을 해요.

• [my sister] My sister plays a game on her cell phone.

우리 누나는 휴대전화로 게임을 해요.

• [Paul] Paul plays a game on his cell phone.

폴은 휴대전화로 게임을 해요.

• [you] You play a game on your cell phone.

넌 휴대전화로 게임을 하는구나.

2. 시간

• [현재진행] I am playing a game on my cell phone.

저는 휴대전화로 게임을 하고 있어요.

- [과거] I played a game on my cell phone.

  저는 휴대전화로 게임을 했어요.

- [미래] I will play a game on my cell phone.

  저는 휴대전화로 게임을 할 거예요.

- [현재완료] I have played a game on my cell phone.

  전 휴대전화로 게임을 했어요. (과거에도 했고 지금도 한다는 의미)

3. 의문

- [she] Does she play a game on her cell phone?

  그녀는 휴대전화로 게임을 해요?

- [your brother] Does your brother play a game on his cell phone?

  당신 동생은 휴대전화로 게임을 해요?

- [Amy] Does Amy play a game on her cell phone?

  에이미는 휴대전화로 게임을 해요?

- [you] Do you play a game on your cell phone?

  당신은 휴대전화로 게임을 해요?

4. 부정

- [I] I do not play a game on my cell phone.

  저는 휴대전화로 게임을 안 해요.

- [my sister] My sister does not play a game on her cell phone.

  우리 누나는 휴대전화로 게임을 안 해요.

- [Paul] Paul does not play a game on his cell phone.

  폴은 휴대전화로 게임을 안 해요.

- [you] You do not play a game on your cell phone.

  당신은 휴대전화로 게임을 안 하는군요.

5. 응용

- [Minecraft] I play Minecraft on my cell phone.

  저는 휴대전화로 마인크래프트를 해요.

- [some games] I play some games on my cell phone.

  저는 휴대전화로 게임을 몇 개 해요.

- [computer] I play a game on my computer.

  저는 컴퓨터로 게임을 해요.

- [tablet] I play a game on my tablet.

  저는 태블릿으로 게임을 해요.

이 다섯 가지 문법의 문장 적용 규칙은 유학이나 어학연수를 다녀온다고 저절로 해결되지 않습니다. 일상적으로, 반복적으로, 꾸준히 훈련해서 몸에 익혀야 합니다. 그래야 비로소 말하기나 쓰기를 할 때 문법이 문장에 적용되면서 영어 말문이 터지게 됩니다.

캐나다에서 꼬박 8년을 살았으면서도 영어 말하기에 아직 어려움을 겪고 있는 제 아내가 좋은 본보기입니다. 문법의 문장 적용이 빠르게 잘되지 않는 아내는 캐나다에서 실제로 생활하면서도 영어가 좀처럼 늘지 않았습니다. 평소에도 "머리로는 분명히 제대로 생각했는데 막상 입으로 말할 때는 나도 모르게 엉터리 영어가 튀어나온단 말이야"라고 푸념을 해요. 만약 제 아내가 어렸을 때 센텐스-빌딩 훈련을 열심히 했다면 지금쯤 영어 말문이 터져 자유자재로 영어 말하기가 가능했을 텐데 말입니다.

말한 다음에 문법을 배운다

영어 문법 규칙은 줄줄 외우는 사람도 막상 문법을 적용해 문장을 만들어야 하는 상황에 닥치면 무척 당황스러워합니다. 더듬거리며 궁리 끝에 문장을 완성해도 여전히 정신없어하죠.

예를 하나 들어보겠습니다. 'enjoy는 동사를 목적어로 쓸 때 동명사 형태로 사용한다'는 문법 규칙은 잘 알지만, 이 규칙을 사용해 문장을 만드는 것은 어려워합니다. 그러나 센텐스-빌딩 훈련이 몸에 배면 'enjoy가 동명사를 목적어로 취하는 동사'라는 문법 규칙은 모르더라도, 이미 enjoy를 사용한 문장을 많이 다뤄보았기 때문에 문장을 만들기가 어렵지 않습니다. 예를 들어볼까요?

I enjoyed playing tennis and squash with my dad.

전 아빠와 테니스와 스쿼시 치는 걸 즐겼어요.

Do you enjoy living in that apartment complex?

저 아파트 단지에서 사는 게 좋아요?

I enjoy looking around in the mall.

전 쇼핑몰에서 구경하는 걸 즐기는 편이에요.

실제로 제가 영어 교육 현장에서 많은 학생들과 수없이 훈련하고 실험해본 결과입니다. 그 학생들은 문법 적용을 먼저 배우고 문법 규칙을 나중에 익혔지요. 문법을 먼저 배우고 문장을 나중에 만드는 일반적인 방식을 거꾸로 뒤집은 셈입니다.

그리고 현재는 이처럼 문법 적용을 먼저 배우고 문법 규칙을 나중에 익히는 방법, 즉 영어 문법을 거꾸로 배우는 순서가 올바른 방법인 듯합니다. 왜냐하면 영어 불통자 증상의 주요 원인 가운데 하나인 문법 규칙의 문장 적용 문제를 해결해주기 때문입니다.

센텐스-빌딩 성공사례 ①

센텐스-빌딩을 꾸준히 훈련하여 영어 말하기 실력 향상을 체감한 두 가지 사례를 소개해보려 합니다.

첫 번째는 뒤늦게 영어에 푹 빠진 중년 부부의 이야기입니다.

2016년에 《여행영어 미리훈련》이라는 책을 출간하고 1년여간 강의한 적이 있습니다. 수강생들의 나이는 20대부터 60대까지 매우 다양했어요. 이때 느꼈던 점은 정말 많은 분이 외국인과 자연스럽게 대화하길 원한다는 것이었습니다. 또 레스토랑이나 쇼핑몰에서 나누는 단순하고 기계적인 여행영어 이상의 회화 능력을 키우길 바랐지요. 그래서 저는 수업 시간에 센텐스-빌딩 학습법을 소개하며, 집에서도 꾸준히 실천하라고 독려해주었습니다.

이 수업에서 유독 기억에 남는 사람이 있습니다. 수업이 끝난 뒤 따로 남아 이것저것 질문하고, 센텐스-빌딩 훈련에도 많은 관심을 보였던 부부였지요.

그분들의 영어 실력은 '현재 영어 공부를 하고 있는 보통 한국 성인'의 평균 수준이었습니다. 그럭저럭 듣기는 하지만 입 밖으로 말은 못 꺼냈지요. 못 꺼내는 정도가 아니라, 영어로 말해야 한다고 생각만 하면 머릿속이 백짓장처럼 하얘지면서 말문이 턱 막힐 정도로 스트레스를 받는 분들이었어요.

그래도 부부 모두가 영어를 좋아하고 잘하고 싶어 했습니다. 그뿐 아니라 여행지에서 외국인들과 직접 대화를 나누고 싶다는 생각도 늘 있었고요. 그걸 목표로 다방면으로 많은 노력을 기울였지요. 전화영어도 해보고, 화상영어도 해보고, 원어민 개인지도까지 받아보았답니다.

하지만 결과가 기대만큼 신통치 않았다고 해요. 그러던 중 센텐스-빌딩 훈련을 접하게 된 것이었죠. 그렇게 6개월가량이 지난 어느 날, 이렇게 말했습니다.

"요즘 부쩍 외국인과 영어로 대화해보고 싶다는 생각이 들어요. 이런 기분은 난생처음인데, 아마 센텐스-빌딩 훈련 덕분 아닌가 싶어요. 그래서 싱가포르로 여행을 다녀오려고요. 이번에는 패키지 말고 자유여행을 갈 생각이에요. 거기서 외국인들과 영어 대화를 시도해보면, 그동안 연습해온 효과도 체감할 수 있겠죠."

부부는 4박 5일 일정으로 싱가포르 영어체험여행을 떠났습니다. 저도 이들 부부의 센텐스-빌딩 훈련 효과가 내심 궁금했기에 돌아올 날만 하루하루 기다렸답니다. 그리고 돌아오자마자 센텐스-빌딩 훈련의 효과가 있었는지 물었죠. 그 부부는 활짝 웃으며 밝은 목소리로 답했어요.

"쇼핑몰에서 물건을 사거나 레스토랑에서 음식을 주문할 때는 그럭저럭 영어를 한 것 같아요. 가끔은 못 알아들어서 당황하기도 했지만요.

그럴 때마다 배웠던 대로 'Pardon?(뭐라고요?)' 'What do you mean by…?(…가 무슨 말이에요?)' 'Could you say that again, please?(다시 한 번 말씀해주실래요?)' 'Could you write it down, please?(좀 써주실래요?)'라고 말했어요. 기본적으로 이런 문장을 알고 있으니, 영어를 잘 못 알아듣더라도 별로 당황하지 않게 됐고요.

참, 센텐스-빌딩 훈련할 때 배웠던 'Does it come with soup?(수프도 함께 나오나요?)'라는 문장은 레스토랑에서 진짜 많이 도움 됐어요. 'Does it come with bread?(빵도 같이 나오나요?)' 'Does it come with salad?(샐러드도 같이 나오나요?)' 'Does it come with dessert?(디저트도 같이 나오나요?)' 'What does it come with?(함께 나오는 게 뭔데요?)'라는 식으로, with 다음 단어를 바꿔가면서 활용했죠. 게다가 연습하면서 워낙 많이 말해서인지, 입에서 술술 나왔어요."

그렇다면 낯선 외국인들과 대화가 길어질 때는 어땠을까요? 이어지는 대화를 마저 소개하겠습니다.

"쇼핑몰이나 거리에서 친절해 보이는 서양인 관광객이 있으면 슬쩍슬쩍 다가가 말을 걸어봤어요. 영어로 말해볼 엄두조차 못 내던 저희가 영어로 먼저 말을 걸어보는 것만 해도 엄청난 발전이었지요. 특히 단어 열거 수준을 넘어서, 영어로 문장을 만들고 대화했다는 점이 무척 뿌듯했어요.

예전에는 영어로 말하려면 머릿속에서 단어부터 떠올렸는데, 이제는 문장이 바로 떠올라요. 말하는 게 훨씬 편해졌어요. 그리고 그때그때 상황에 걸맞은 문장으로 응용해서 말하는 여유도 생겼고요.

센텐스-빌딩 훈련 수업 때 배운 'I want you to + 동사'를 예로 들 수 있을 것 같아요. 이 표현을 쓰면 무언가를 부탁할 때, 자칫 딱딱하게 들릴 수 있는 please를 자주 사용하지 않아도 다양하게 표현할 수 있다고 배웠거든요. 이번 여행에서 정말 유용했죠.

외국인 여행객에게 천천히 말해달라고 요청할 때는 'I want you to speak slowly'라고, 사진 좀 찍어달라고 부탁할 때는 'I want you to take a photo for us'라고 하면 되니까요. 또 시애틀에서 온 미국인 관광객 커플한테는 'I want you to tell me about Seattle'이라고 말했어요.

이번 여행을 통해 영어 대화에 자신감이 좀 붙었어요. 영어 문장을 말할 때도 여유가 생겼고, 영어 대화를 하는 데에도 좀 감이 잡혔다고 할까요? 확실히 센텐스-빌딩 훈련 효과를 본 것 같아요.

하지만 평소에 연습할 때도 더 크게 말할 필요가 있겠다는 생각도 들었어요. 그래야 영어 문장이 더 자신 있게 나오겠더라고요. 계속 더 많이 연습해서 내년에는 미국 여행에 도전해볼 생각이에요."

센텐스-빌딩 성공사례 ②

센텐스-빌딩 두 번째 성공사례는 스피킹 테스트인 오픽(Oral Proficiency Interview-computer, OPIc) 시험을 준비하던 순수 국내파 대학생의 이야기입니다.

이 학생은 대학 졸업을 앞두고 영어 때문에 고민이 무척 많았어요. 자신이 원하는 회사에 취업하려면 3개월 내에 오픽에서 Intermediate MID 등급의 성적표를 받아야 했습니다. 어느 정도 영어로 의사소통이 가능해야 받을 수 있는 성적이었죠. 문제는 학생의 오픽 성적이 그보다 세 등급 아래인 Novice HIGH였다는 점이었습니다.

3개월 내에 2등급이나 올려야 하는 것도 문제였지만, 그보다 더 시급한 문제는 이 학생의 수준이었습니다. 초보자 수준인 Novice 단계에서 중급 수준인 Intermediate 단계로 뛰어올라야 했기 때문이에요.

다행히 토익 성적은 800점 남짓한 수준으로 괜찮은 편이었습니다. 그에 반해 스피킹 실력은 정말 아니었고요. 시간 여유만 있다면야 꾸준히 실천할 만한 좋은 학습법을 알려줄 테지만, 여유가 전혀 없는 상황이다 보니 주어진 조건하에서 최대한의 효과를 끌어올려야 했어요. 그래서 이 학생과 저는 센텐스-빌딩 집중 훈련을 시작했습니다.

먼저 오픽에서 어떤 말하기 주제가 나오든 무관하게 활용할 수 있는 센텐스-빌딩 뼈대 문장 열 개를 주었습니다. 그런 다음 어떤 주제의 질문이 나오든 당황하지 말고 단어나 표현을 조금씩 바꿔가며 그 문장들을 활용해야 한다고 신신당부했습니다.

다음은 제가 그 학생에게 주었던 센텐스-빌딩 뼈대 문장 열 개입니다.

1. I am good at playing sports.

저는 운동을 잘해요.

2. First of all, I'll take my own experience, for example.

먼저 제 경험을 예로 들어볼게요.

3. It was my first time to taste a real mango.

진짜 망고를 맛본 건 처음이었어요.

4. Baking bread is fun but hard.

빵 굽는 건 재밌지만 어려워요.

5. I sometimes imagine traveling around the world.

저는 가끔 세계 일주를 상상해요.

6. I think we can't live without the Internet.

인터넷 없이는 살 수 없을 것 같아요.

7. I like reading books, such as *Harry Potter*.

저는 《해리포터》 같은 책을 좋아해요.

8. I usually help my mom with housework.

저는 보통 엄마가 집안일하시는 걸 도와드려요.

9. I totally agree with the idea.

그 생각에 전적으로 동의해요.

10. I've heard that many Americans like kimchi.

듣기로는 많은 미국인이 김치를 좋아한다더군요.

평소에 영어 말하기 연습을 하지 않았다면, 벼락치기 공부로 오픽 같은 스피킹 테스트를 볼 때 자신의 진짜 실력을 10퍼센트도 발휘하지 못하게 마련입니다. 수많은 문장을 단기간에 머릿속에 입력했더라도, 정작 시험에서 쓸 수 있는 문장은 그중 10퍼센트도 안 되기 때문이에요. 중요한 것은 머릿속에서 맴도는 문장이 아닙니다. 스피킹 테스트에서 입으로 즉시 말할 수 있는 문장이 얼마나 되느냐가 결과를 좌우하는 것이죠.

만약 제가 그 학생에게 문장 100개를 주고 열심히 외우라고 시켰다면 결과는 어땠을까요? 십중팔구 대부분의 문장이 머릿속에서만 맴돌 뿐 진짜 시험에서는 제대로 말하지 못했을 가능성이 높습니다.

단기간에 오픽에서 좋은 성적을 거두기 위해서는 한 가지 요소가 더 필요합니다. 바로 센텐스-빌딩 뼈대 문장 열 개를 응용하여 100문장으로 말할 수 있는 문장 응용능력이에요. 이것이 가능해야만 질문이 어떤 주제든 상관없이 순발력 있게 응용해 말할 수 있습니다. 따라서 오픽 질문 주제와 예상문제가 수록된 책을 훑어본 다음, 뼈대 문장 열 개를 가지고 주제에 맞춰 단어나 표현을 바꿔가며 문장 응용 말하기 연습을 해야 합니다. 물론 매일같이 꾸준히 해야겠지요.

다음은 그 학생에게 알려주었던 문장 응용의 예입니다.

1. I am good at playing sports.

저는 운동을 잘해요.

〈문장 응용 예〉

I am good at playing the guitar.

저는 기타를 잘 쳐요.

My mom is very good at cooking.

우리 엄마는 요리를 정말 잘해요.

I am quite good at handling machines.

저는 기계를 아주 잘 다뤄요.

I think kids are good at learning foreign languages.

아이들은 외국어를 잘 배우는 것 같아요.

I am bad at math.

저는 수학을 잘 못 해요.

I am bad at learning foreign languages.

저는 외국어 배우는 걸 잘 못 해요.

그 학생은 이 방법으로 오픽 준비를 꾸준히 했습니다. 그리고 두 달 조금 지나서 치른 오픽에서 목표로 했던 Intermediate MID 등급의 성적표를 받는 데 성공했습니다. 그뿐 아니라 영어 말하기 콤플렉스에서도 벗어나게 되었답니다.

CHAPTER 4

머리에서 입으로,
곧장 말하기

SENTENCE BUILDING

문장이 나오는 시간을 줄인다

영어로 말이 술술 나오는 것은 수많은 사람의 바람입니다. 이를 위해 그렇게나 열심히 영어학원에 다니고 전화영어나 화상영어로 스피킹을 연습하는 것이겠지요. 머릿속에서 영작하는 시간을 최대한 단축해야만 곧바로 입에서 말이 나오는 것은 당연합니다. 머리에서 입까지 문장 이동을 조건반사에서 무조건반사로 빠르게 이루려면 무엇을 어떻게 해야 할까요?

영어 문장을 만들어 말하려고 할 때, 가장 고민인 동시에 가장 먼저 생각하게 되는 것은 다음의 두 가지입니다.

첫째, 주어와 동사를 어떻게 해야 하지?

둘째, 동사의 시제를 뭘 써야 하지?

중요한 점은 첫째와 둘째 모두 시차를 두고 차례대로 생각해야 하는 것이 아니라, 동시에 생각해야 한다는 것입니다. 예를 들어 동사를 생각할 때는 시제도 함께 떠올려야 한다는 말이에요.

'내 친구는 1시간째 기다리고 있었어요'를 영어 문장으로 말한다고 가정해봅시다. 말문이 쉽게 열리려면 주어인 My friend와 함께 동사 wait의 현재완료진행형, 즉 My friend has been waiting이 바로 떠올라야 합니다. 그래야 My friend has been waiting for an hour라는 문장이 거의 실시간으로 입에서 나오게 돼요.

이렇게 되기 위해서는 평소 반복훈련을 통해 '주어와 동사의 일치'와 '동사의 시제 변화'를 입이 반응하도록 만들어야 합니다. 센텐스-빌딩 훈련 가운데 '일치(주어와 동사 일치하기)'와 '시간(동사 시제 바꿔 말하기)'을 꾸준히 연습해야겠지요.

영어는 동사 중심으로

영어는 동사가 정말 중요합니다. 특히 쓰기와 말하기에서 동사의 비중과 중요성은 무척이나 큽니다. 또 동사를 잘 다룰 수 있으면 영어 쓰기와 말하기가 아주 수월해집니다. 왜냐하면 문장의 뼈대를 쉽게 세워나갈 수 있기 때문이지요.

이때 중요한 점은 '얼마나 많은 동사와 시제 규칙을 알고 있는지'가 아니라, '얼마나 체화해서 입으로 말할 수 있는지'랍니다. 영어 불통자가 되느냐 마느냐를 판가름하는 중요 요소이기도 해요.

자, 다음 문장을 우리말로 빨리 말해보세요.

내 친구가 기다려요.

내 친구가 기다리고 있어요.

내 친구가 기다렸어요.

내 친구가 기다리고 있었어요.

내 친구가 기다릴 거예요.

이번에는 같은 문장을 영어로 빨리 말해보세요.

My friend waits.

내 친구가 기다려요.

My friend is waiting.

내 친구가 기다리고 있어요.

My friend waited.

My friend has waited.

내 친구가 기다렸어요.

My friend was waiting.

My friend has been waiting.

내 친구가 기다리고 있었어요.

My friend will wait.

My friend is going to wait.

내 친구가 기다릴 거예요.

이 문장들을 영어로 말하는 데 얼마나 걸렸나요? 각각 10초 이상 걸렸다면 아직은 갈 길이 멉니다. 영어 말하기의 꿈을 이루려면 각 문장을 5초 내에 말할 수 있어야 합니다.

그럼 이번에는 처음의 우리말 문장에서 주어를 바꾸고, 의문문이나 부정문으로 다음처럼 변형해봅니다. 그리고 이 문장을 영어로 빨리 말해보세요.

그녀가 기다리나요?

우리는 기다리고 있지 않아요.

그들은 기다리지 않았어요.

그가 기다리고 있었나요?

당신은 기다릴 건가요?

얼마나 빨리 말할 수 있나요? 이제 영어 문장을 직접 확인해보세요.

Does she wait?

그녀가 기다리나요?

We are not waiting.

우리는 기다리고 있지 않아요.

They did not wait.

They have not waited.

그들은 기다리지 않았어요.

Was he waiting?

Has he been waiting?

그가 기다리고 있었나요?

Will you wait?

Are you going to wait?

당신은 기다릴 건가요?

'주어 + 동사'인 평서문에 비해, 일상에서 의문문이나 부정문을 말하는 빈도는 상대적으로 적은 편입니다. 그러다 보니 의문문이나 부정문을 실제로 말할 때면 왠지 부자연스럽게 느껴지기 쉬워요.

그러나 실전 영어 대화에서는 의문문과 부정문을 상당히 자주 씁니다. 그러므로 평소부터 '의문(의문문 만들기)'과 '부정(부정문 만들기)'을 꾸준히 연습해, 의문문과 부정문의 자연스런 어감을 체득해야 합니다.

지금까지 'My friend waits'라는 기본 문장으로 센텐스-빌딩 훈련의 일치 · 시간 · 의문 · 부정이라는 네 가지를 활용해 다양하게 문장을 말해봤습니다. 만약 여기까지 열심히 한 사람이라면 아마 기본 문장 'My friend waits'에서 단어나 표현을 바꾸거나 다음 문장처럼 다양하게 활용할 수도 있을 거예요.

Does she wait for Jim?

그녀는 짐을 기다리나요?

We are waiting to go.

우리는 가려고 기다리고 있어요.

They did not wait for the rain to stop.

그들은 비가 그치기를 기다리지 않았어요.

Has he been waiting here for an hour?

그는 여기서 1시간째 기다리고 있었나요?

Will you wait for the next bus?

다음 버스를 기다릴 건가요?

센텐스-빌딩 훈련은 한 문장으로 열 문장을 말할 수 있는 문장 응용능력을 길러줍니다. 그리고 문장의 뼈대 부분이 쉽게 떠오르도록 만들어줘 영어 말하기에 상당한 여유가 생깁니다. 그뿐 아니라 머릿속으로 작문하는 시간이 대폭 줄어들어 영어 말하기 속도도 빨라집니다.

입을 열심히 움직이면 그 부위에 대응하는 뇌 영역도 함께 발달합니다. 입과 두뇌는 서로 상호작용을 하면서 움직이기 때문이지요. 평소 입을 열심히 움직이며 센텐스-빌딩 훈련을 해보세요. 언젠가는 연습 시간에 비례해 스피킹 실력도 늘어날 것입니다.

CHAPTER 5

잘 듣고, 잘 말하고,
잘 읽고, 잘 쓰게 된다

SENTENCE BUILDING

독해의 차원이 달라지는 리딩 효과

우리말로 생각하는 즉시 영어 문장으로 만들 수 있는 능력이 생기면 영어 말하기만 가능해지는 데에서 멈추지 않습니다. 영어의 4스킬, 즉 읽기 · 듣기 · 쓰기 · 말하기에서 또다시 긍정 효과가 나타납니다. 그럼 이제부터 하나씩 살펴보도록 하겠습니다.

영어 교육 현장에서 수많은 학생들을 관찰하면서 한 가지 느낀 바가 있습니다. 바로 독해 점수와 정독능력은 비례하지 않는다는 사실입니다. 예컨대 독해 시험은 거의 만점인 데 반해, 독해 지문의 문장을 골라 의미를 자세히 물으면 제대로 해석하지 못하거나 엉뚱한 추리를 늘어놓는 경우가 허다합니다. 왜냐하면 해석이 필요한 문제가 아닌 이상, 정확한 의미를 몰라도 정답을 고를 수 있기 때문이에요. 청소년부터 성인까지 전 연령대의 학습자들에게 자주 나타나는 현상입니다.

독해 점수가 높다 하더라도 쓰기와 말하기 실력이 변변치 못하다면 실제 독해 실력은 별로일 가능성이 높습니다. 왜냐하면 경험상 정독능력은 쓰기와 말하기 실력에 비례하기 때문입니다. 생각해보세요. 문장을 제대로 만들 줄 모르는 사람이 어떻게 문장을 제대로 이해하겠어요?

'문장을 만드는 것'은 '문장을 이해하는 것'보다 한 차원 높은 수준의 영어를 요구합니다. 자기 생각을 영어 문장으로 만들어 표현하는 능력이 요구되지요. 이것이 가능해질 때 똑같은 독해를 하더라도 문장이 보다 깊고 넓게 이해됩니다. 왜냐하면 '독자'가 아니라 '작가'의 입장에서 문장을 바라볼 수 있는 안목과 여유가 생기기 때문입니다.

영문장이 귀에 쏙쏙 박히는 리스닝 효과

한 번은 제가 쓴 《영어연산훈련》 교재 시리즈로 공부하는 독자와 이야기를 나눌 기회가 우연히 생겼습니다. 그 독자분의 얘기인즉슨 스피킹 실력이 늘었는지는 원어민과 대화할 기회가 많지 않아 잘 모르겠지만, 리스닝 실력만큼은 확실히 는 것 같다는 겁니다.

"어느 날 제가 외부에서 식사를 하고 있는데 원어민 세 사람이 옆 테이블에 와서 앉는 거예요. 바로 옆 테이블이라 원어민의 대화가 제 귀에도 또렷이 들릴 수밖에 없었죠. 평소에 지하철 같은 데에서 원어민이 자기들끼리 떠드는 영어 대화를 들으면 무슨 내용인지 도통 알 수가 없었는데, 그날은 꽤 들리더라고요. 물론 알아듣지 못하는 부분이 더 많았지만요.

아무튼 참 신기했어요. 그래서 나중에 곰곰 생각해보니, 제가 알아들은 건 대부분《영어연산훈련》책에서 배웠던 문장과 비슷한 패턴의 대화 문장이었어요.

예를 들어 'Actually, it was my first time to try real Korean BBQ'라든지 'I am so sorry. I really can't help you with that' 같은 문장은 귀에 쏙쏙 들어오더라고요. 책에서 'It is my first time to 동사'나 'I can help you with ~'와 같은 문장 패턴을 많이 연습했거든요."

당연한 이치입니다. 센텐스-빌딩 연습을 하는 동안 저도 모르게 문장 패턴 감각이 성장하니까요. 그래서 영어 문장을 들을 때도 개별 단어가 아닌 문장 패턴을 통해 이해하는 청해능력이 자연스럽게 자리 잡은 것이고요. 이 독자분이 리스닝 실력이 좋아졌다고 느낀 이유도 문장을 패턴으로 이해하는 능력이 향상되었기 때문입니다.

막힘없이 술술 써지는 라이팅 효과

상당히 많은 사람들이 영문법 규칙을 공부하면서 가장 많은 시간을 들이는 것이 바로 '문장의 5형식'일 터입니다.

- 1형식: 주어 + 동사
- 2형식: 주어 + 동사 + 보어
- 3형식: 주어 + 동사 + 목적어
- 4형식: 주어 + 동사 + 간접목적어 + 직접목적어
- 5형식: 주어 + 동사 + 목적어 + 목적보어

그런데 말이죠. 학습자들이 문장의 5형식을 공부하는 모습을 보면 대개 이런 식이에요.

먼저 문법 규칙을 외우고, 그다음은 각 형식에 해당하는 예문을 공부하고, 마지막으로 연습 문제를 풀어요. 이렇게 공부하면 문법 시험 점수야 잘 받을 수 있겠지만, 영어 작문을 잘하기는 쉽지 않습니다. 예컨대 동사 want가 3형식 또는 5형식으로 쓰이는 규칙을 배우고 이에 해당하는 예문 몇 개를 익힌다고 해서, 과연 want를 활용해 자기가 원하는 문장을 만들 수 있을까요? 아마도 무척 힘들 겁니다.

동사 want를 사용해 자신의 생각을 거침없이 표현하려면, want의 문법 규칙이 적용된 아래와 같은 want의 문장 사용 패턴을 훈련으로 체화해야 합니다.

I want a good job.

→ want : 명사를 목적어로 하는 3형식 동사로 사용

나는 좋은 일자리를 원해요.

I want to have a good job after college.

→ want : 부정사를 목적어로 하는 3형식 동사로 사용

나는 대학 졸업 후에 좋은 일자리를 가지길 원해요.

I want you to have a good job after college.

→ want : '목적어+목적보어'의 5형식 동사로 사용

나는 당신이 대학 졸업 후에 좋은 일자리를 가지길 원해요.

I want the new iPad so badly.

→ want : 명사를 목적어로 하는 3형식 동사로 사용

나는 새 아이패드를 몹시 가지고 싶어요.

I want to get an A in English.

→ want : 부정사를 목적어로 하는 3형식 동사로 사용

나는 영어에서 A학점을 받고 싶어요.

I want you to join the club.

→ want : '목적어+목적보어'의 5형식 동사로 사용

나는 당신이 그 동아리에 들어오길 원해요.

동사 want를 사용해 표현할 수 있는 문장은 무궁무진합니다. 하지만 큰 틀에서 본다면 예문의 세 가지 패턴에서 벗어나지 않을 거예요.

따라서 이 문장 사용 패턴만 훈련하면 문법의 문장 적용이 무의식중에 체화됨으로써, 굳이 복잡한 문법 규칙을 떠올리지 않고도

want를 사용해 자기가 생각하는 문장을 수월하게 쓸 수 있게 됩니다. 또한 다른 단어를 떠올리며 작문할 때도, 문법 규칙이 아니라 그 단어의 문법 규칙이 적용된 문장이 자연스럽게 생각나 영어 쓰기가 한층 수월해집니다.

열 문장을 100문장으로 말하는 스피킹 효과

일상생활에서 영어 한 마디 쓸 기회가 없는 한국에서 영어 말하기를 잘하려면, 실전에서 구사할 수 있는 문장을 입에 착 붙여놔야 합니다. 그러다 보니 영어 문장 암기에 열을 올리는 사람이 참 많지요. 하지만 문장을 암기하더라도 실제 상황에서 자신이 외운 문장을 그대로 사용할 기회는 흔치 않습니다. 대부분 외운 문장을 변형하거나 응용하게 되거든요. 그렇기 때문에 문장 하나를 외우더라도 응용능력 여부가 중요한 것입니다.

여기서 잠시 월드스타 싸이의 예를 들어보겠습니다. 싸이가 월드스타로 발돋움할 수 있었던 데에는 그의 영어도 한몫했습니다. 한국에서 고등학교까지 마치고 미국으로 건너가 대학 생활을 몇 년 한 게 전부인 이력을 생각하면, 그의 영어 구사는 놀라울 정도예요. 특히 한국에 돌아온 후 10여 년의 영어 공백기가 있었던 점을 감안하면 정말 대단한 실력이지요.

대학 때 영어권 국가로 유학을 떠난 사람이 영어를 유창하게 잘하기는 결코 쉽지 않습니다. 저 역시 그런 유학생들을 많이 만나보았고요. 그런 면에서 볼 때 싸이의 영어 구사력은 일종의 예외라고 할 수 있겠습니다.

언젠가 싸이가 음악방송에서 자신의 영어 실력에 대해 솔직히 털어놓은 적이 있었습니다.

> "한국 사람들은 저보고 영어 잘한다고들 하는데, 현지인들은 제 영어를 '돌려 막기'라고 표현해요. '몇 개 안 되는 단어로 어떻게 저렇게 많은 걸 표현할 수 있을까' 하면서 놀라는 거죠. 그쪽 사람들은 제 말을 알아듣기가 쉽대요. 사실 영어도 짧고 은어나 속어도 많이 쓰는데, 라디오에 처음 나가서 말했을 때는 머릿속으로 영어를 번역해서 이해하고, 해야 할 말은 다시 영어로 번역

해서 말해야 됐어요. 그래서 처음에는 정말 힘들었어요."

싸이의 인터뷰 가운데 '돌려 막기'라는 표현이 무척 인상적이었습니다. 궁금한 나머지 유튜브에서 싸이의 미국 방송 인터뷰를 쭉 들어보았지요.

그의 돌려 막기 영어 실력은 대단했습니다. 예를 들어 이미 예상한 질문이 들어온다면, 마치 기다렸다는 듯이 머릿속에 입력된 레퍼토리 문장이나 표현을 사용해 영어로 술술 대답합니다. 반면 예상치 못했거나 까다로운 질문이 들어올 경우에는 머릿속에 입력된 레퍼토리 문장을 응용해가며 재치 있게 상황을 넘기곤 합니다. 어떻게든 자신의 레퍼토리 영어 문장을 사용하려는 것이죠.

또한 "처음 나가서 말했을 때 머릿속으로 영어를 번역해서 이해하고, 해야 할 말은 다시 영어로 번역해서 말해야 됐어요"라는 솔직한 영어 고백을 통해, 싸이 역시 여느 EFL 학습자의 경우처럼 머릿속에서 '번역'과 '작문'의 프로세스를 거친 후 비로소 영어를 말한다는 사실을 알게 되었습니다. 그러니까 우리가 생각하듯 그냥 저절로 입에서 술술 영어가 나오는 게 아니라는 거예요.

우리에게 필요한 것은 100개의 문장을 암기하는 것이 아닙니다. 단 열 개의 문장만으로 100개의 문장처럼 자유자재로 응용할 수 있는 영어 회화 순발력이 필요합니다. 이를 위해서는 평소부터 덧셈이 아닌 곱셈 방식으로 문장을 암기해야 합니다. 여기서 덧셈 방식의 암기란 응용을 소홀히 한 채 단순히 암기 문장 숫자에만 집착하는 양적 암기를 뜻합니다. 반면 곱셈 방식의 암기란 한 문장을 외우더라도 상황에 따라 조금씩 응용해가며 순발력 있게 구사할 수 있는 능력을 키우는 질적 암기를 의미합니다. 즉 센텐스-빌딩 훈련은 ×10의 역할을 해주는 질적 암기의 촉매라 할 수 있어요.

영어 교육 현장에서 일하는 동안 일치 · 시간 · 부정 · 의문 · 단어 응용을 통한 센텐스-빌딩 훈련 덕분에 문장을 바꿔 말하는 데 익숙해지는 사람들을 많이 보았습니다. 물론 영어 말하기 실력도 일취월장했지요. 처음에는 간단히 주어만 바꿔도 어려워하던 사람들이 차츰 머뭇거리지 않고 빠르게 답하기 시작했습니다.

하지만 이런 변화는 하루아침에 일어나지 않습니다. 작은 변화를 통한 성취감이 조금씩 쌓이면서 점차 커다란 변화로 성장합니다. 좀 더 구체적으로 말하자면 주어와 동사의 일치를 어느 정도 하게 되자 의문문과 부정문을 만드는 것에도 자신감이 생기고, 그다음에는 동사의 시제를 바꿔 말하는 것도 좀 더 빨라지고, 그래서 나중에는 단어나 표현을 꽤 까다롭게 바꿔가며 응용 질문을 하더라도 별 어려움 없이 대답할 수 있게 됩니다.

• • •

김연아의 점프처럼!

김연아 선수가 피겨 여왕이 될 수 있었던 비결은 여자 피겨스케이팅 선수들이 힘들어하는 '점프'였다고 합니다. 김연아는 피겨스케이팅을 처음 배울 때 "연기는 나중에 배워도 되지만 점프는 어려서부터 연습해야 한다"는 코치의 말을 듣고, 엉덩이에 멍 자국이 가실 날이 없을 정도로 점프 연습에 몰두했다고 해요. 또래 선수들은 점프보다는 연기 연습에 치중했지만 김연아는 이와 정반대의 길을 선택한 셈이죠.

보통 여자 선수들은 점프 전에 스피드를 줄이는데, 김연아는 남자 선수들처럼 속도를 줄이지 않고 그대로 점프합니다. 그래서 비거리가 길고 점프하는 모습도 당당해 보이는 것이죠. 그리고 마침내 난이도가 엄청 높은 '회전+3회전' 연속 점프를 완벽하게 실행하며, 전설적인 점수로 올림픽 금메달을 따는 쾌거를 이뤄냈습니다. 만약 어릴 때 다른 아이들처럼 점프 연습을 대충하고 '폼 나는 연기' 연습에 몰두했다면 오늘의 김연아는 없었을 겁니다.

여기서 배울 수 있는 교훈이 뭘까요? 바로 튼튼한 기초의 중요성입니다. 어릴 적 힘들고 지루한 반복훈련으로 체득한 안정된 점프 기술을 통해 자신이 표현하고자 하는 피겨스케이팅 연기를 마음껏 펼친 김연아 선수처럼, 우리도 기본기가 몸에 밸 때까지 반복훈련을 해야 합니다.

김연아 선수 역시 또래 아이들처럼 점프 훈련을 빨리 끝내고 멋진 연기훈련을 하고 싶은 유혹이 얼마나 많았겠습니까? 하지만 이렇듯 강한 유혹을 뿌리치고 점프 훈련에 매진할 수 있었던 데에는 부모님의 현명한 판단과 선수의 미래를 내다본 코치의 도움도 컸겠지만, 자신의 강한 의지력이 결정적이었습니다.

센텐스-빌딩 훈련을 반복하며 자기 생각을 영어 문장으로 만들어 표현하는 길은 쉽지 않을 것입니다. 어쩌면 주변에서 '시험 대비가 우선이지, 스피킹은 무슨?' '센텐스-빌딩 훈련만 해서 과연 영어 말하기가 되겠어?'라고 말할지도 몰라요. 하지만 시험 결과에 일희일비하고 주변 학습자들의 의견에 휘둘린다면, 영어 말하기의 펀더멘털(fundamental)을 키울 시기가 영영 사라지고 말 겁니다. 김연아 선수처럼 자기 확신을 가지고 묵묵히 실천해보세요.

PART 4

이제, 생각과 동시에 입에서 영어가 나온다

영어 그림책 다독이 인풋이라면, 센텐스-빌딩은 아웃풋인 셈이죠. 다시 말해 좋은 문장이 수록된 영어 그림책을 많이 읽으면서 양질의 인풋을 뇌에 공급하면 입으로 말할 수 있는 영어 문장, 즉 아웃풋의 수준도 자연히 높아집니다.

CHAPTER 1

작심삼일을 반복하자

SENTENCE BUILDING

외로움 vs. 오버페이스

참 많은 사람들이 새해가 다가올 때마다 연례행사처럼 무언가를 결심하곤 합니다. 그중 하나가 바로 '영어 결심'이지요.

'올해는 기필코 영어 회화를 정복해야지.'

'매일 열 개씩 단어를 외워야지.'

'영어 문장 패턴 책을 처음부터 끝까지 세 번 떼야지.'

하지만 일상생활 속에서 이 같은 영어 결심을 지켜나가기란 쉽지 않습니다. 대부분 작심삼일로 끝나고 말지요. 작심삼일을 피하려면 실천을 지속 가능하게 만드는 구체적인 아이디어를 찾아서 행동으로 옮겨야 합니다.

저는 그동안 수많은 학습자들에게 센텐스-빌딩 훈련을 지도해 왔고, 훈련 모습을 관찰했습니다. 그중에는 독학 학습자들도 상당수 있었습니다. 그들의 훈련 모습을 관찰하는 과정에서 자연스럽게 중도 포기하는 이유도 파악하게 되었습니다.

독학 학습자들이 중간에 포기하는 원인은 크게 두 가지였습니다. 하나는 훈련 초반에 과도한 학습 의욕으로 불타오르다 제풀에 나가떨어지는 오버페이스입니다. 그리고 다른 하나는 파트너 없이 나 홀로 훈련을 하는 데에서 오는 외로움입니다.

이 두 가지 걸림돌의 원인은 무엇이고, 해결 방안은 무엇일까요? 이제 하나하나 꼼꼼히 살펴보도록 하겠습니다.

하루 30분만 한다

먼저 오버페이스와 외로움을 극복할 수 있는 방법을 알려드리겠습니다.

첫 번째, 하루 30분을 넘기지 말고 80퍼센트 암기에 만족하세요.

만약 매일 30분 이상 투자하고 있다면 작심삼일로 끝날 가능성이 매우 높습니다. 매일 30분씩 시간을 낸다는 게 생각만큼 쉽지 않거든요. 게다가 흥미보다는 의무감에 이끌려 하는 영어 학습은 더더욱 그렇지요. 그리고 30분 이상 책상 앞에 앉아 딱딱한 자세로 훈련하다 보면 입은 꼭 다문 채 눈과 귀로만 하게 되기 십상입니다. 최종 목표인 '영어 말문 열기'와 점점 거리가 멀어지는 과정이죠.

자, 이제 하루에 30분 이상 센텐스-빌딩 훈련을 하지 마세요. 차라리 10분이라도 좋으니 꾸준히 하는 것이 중요합니다. '가랑비에 옷 젖는다'는 속담처럼 서서히 몸에 배어들게 하세요.

또 하나 주의할 점이 있습니다. 바로 완벽주의 성향이에요. 자신 앞에 있는 문장을 100퍼센트 암기하고 넘어가려 하면, 며칠 지나지 않아 부담스러워질 겁니다. 그리고 이내 포기하고 말 거예요. 왜냐하면 100퍼센트 암기라는 목표가 커다란 부담감으로 작용해 처음의 학습 의욕을 점점 떨어뜨리기 때문입니다.

문장을 80퍼센트 정도 암기했다 싶으면 다음으로 넘어가세요. 80퍼센트 암기 역시 대충 설렁설렁해도 괜찮습니다. 어차피 계속 훈련해나가다 보면 부족한 20퍼센트도 저절로 채워지는 때가 오거든요.

학교에서 영어나 수학을 공부할 때, 혹은 다른 과목을 공부할 때 매번 선생님의 수업을 100퍼센트 이해했나요? 아마 그렇지 않을 겁니다. 80퍼센트만 이해하고 넘어가면, 나머지 20퍼센트는 학년이 올라가며 더 높은 수준의 내용을 배우는 과정에서 자연스레 채워지는 경험을 해봤을 겁니다. 다시 강조하지만 가장 중요한 건 꾸준함입니다. 역설적으로 들릴 테지만, 완전 학습보다는 불완전 학습과 친숙해져보세요.

두 번째, 훈련 짝꿍을 찾아내세요.

결심을 지킬 확률을 높이는 또 하나의 방법은 환경의 변화입니다. 일상적인 환경을 바꿔보세요. 장소나 사람들과의 관계에 변화를 주는 것이죠. 예컨대 여행을 떠나거나 이사를 가는 것은 장소에 변화를 주는 것이고, 새로운 모임에 참여한다거나 친구들과 스터디 그룹을 만드는 것은 사람들과의 관계에 변화를 주는 방법입니다. 또 같은 목표를 가진 사람들이 짝을 이뤄 공부하는 것도 환경의 변화에 속하고요.

오랜 시간 학습자들을 관찰해본 결과, 누군가와 짝을 이뤄 훈련하는 사람들의 중도 포기율이 홀로 하는 사람들보다 훨씬 낮다는 사실을 알게 되었습니다. 서로에 대한 책임감 덕분인 듯합니다. 실제로 어떤 학습자는 제게 이렇게 고백한 적도 있었습니다.

> "포기하려는 유혹이 들 때마다 함께 센텐스-빌딩 훈련을 하는 친구의 댓글 때문에 차마 포기하지 못하고 어영부영하다 보니 결국 1년을 하게 되었네요. 제가 해보니 딱 1개월이 고비인 듯해요. 1개월이 지나자 습관으로 자리 잡는 듯하더니, 6개월이 지나니까 중독 수준으로 변하는 거예요. 만약 친구와 함께 시

작하지 않았다면 십중팔구 중간에 포기하고 말았을 거예요."

노벨 물리학상 수상자인 중국계 미국인 스티븐 추 박사는 이렇게 말했습니다.

"암기를 통해서만 배우려고 하지 마세요. 암기 말고 가장 좋은 방법은 뭔가를 배웠을 때 그 내용을 남에게 가르쳐주는 겁니다. 남에게 가르치다 보면 아이디어를 떠올리게 되고, 배운 내용을 자기 것으로 만들게 됩니다. 저 또한 제게 숙제를 들고 와 도움을 청하는 학생들을 도와주면서 많이 배웠습니다."

이렇듯 짝꿍과 함께 공부하다 보면 자연스레 서로 묻고 가르쳐주는 과정에서 뜻밖의 값진 지식과 영감을 얻을 수 있습니다. 자신의 잘못을 스스로 깨닫기는 쉽지 않지만, 남의 실수나 잘못은 잘 보이는 법이거든요. 남의 실수나 잘못을 알게 되는 만큼 자신의 실력도 업그레이드되는 것이고요. 친구나 가족 가운데 함께 훈련할 짝꿍을 찾아보세요. 그리고 서로를 페이스메이커(pace-maker)로 삼아 끝까지 함께 완주해보세요.

CHAPTER 2

영어 말하기의 빈틈을 메운다 ①

SENTENCE BUILDING

발상의 전환,
영어 그림책 학습

센텐스-빌딩 훈련은 영어 문장을 만들어 즉각 입으로 내뱉는 아웃풋 훈련입니다. 양질의 아웃풋을 생산하기 위해서는 좋은 인풋이 공급되어야 하지요. 지금 소개할 방법은 '영어 다독'입니다. 일종의 수동적 문장훈련을 통한 아날로그적 인풋 공급 방식이라 할 수 있습니다.

잠시 영어 다독의 목표를 정확히 해둘 필요가 있습니다. 영어 다독은 독해력을 키우기 위해서가 아니라, 문장 만들기 능력을 키우기 위함입니다. 만약 독해력을 키우는 데 목적이 있다면 다독보다는 정독이 효과적입니다. 정독은 모르는 단어를 일일이 사전을 찾고 문법 규칙을 동원해 문장을 해석해야 하는 작업이니까요.

그러나 정독으로는 입에서 문장이 즉각 튀어나오는 문장 만들기 능력을 키우기가 어려울 겁니다. 따라서 머리가 아닌 입이 반응하게 만들려면 정독보다는 다독이 제격입니다. 그리고 길고 딱딱한 문장으로 된 두꺼운 책보다는 그림이나 삽화가 많이 수록된 짧고 말랑말랑한 문장으로 쓴 책이 좋습니다.

'독서 인풋과 문장 아웃풋'은 영어 말하기를 실현할 수 있는 환상의 결합입니다. 영어 그림책 다독이 인풋이라면, 센텐스-빌딩은 아웃풋인 셈이죠. 다시 말해 좋은 문장이 수록된 영어 그림책을 많이 읽으면서 양질의 인풋을 뇌에 공급하면 입으로 말할 수 있는 영어 문장, 즉 아웃풋의 수준도 자연히 높아집니다.

'영어 그림책'이라고 하면 보통 아이들이나 읽는 책으로 생각하는 경우가 많습니다. 하지만 결코 그렇지 않아요. 한 권 한 권 읽다보면 문장 수준이나 내용이 상당하다는 사실을 알 수 있어요. 어른들이 읽어도 전혀 손색이 없는 것도 꽤 많고요. 무엇보다 영어 그림책 읽기를 추천하는 이유는 다음과 같습니다.

첫째, 굳이 사전을 찾지 않더라도 그림을 통해 의미를 대략 짐작할 수 있다.

둘째, 일상 회화에 사용할 수 있는 실용적인 문장이 많다.

만약 영어 독서의 목표를 독해가 아니라 문장 만들기로 바꿔 생각하는 발상의 전환을 할 수 있다면, 영어 그림책의 장점이 눈에 들어오기 시작할 겁니다. 그렇다면 다음의 우리말 텍스트를 영어로 한번 말해볼까요?

햇빛이 비치고 있어요.

난 다시 침대로 갈 거야.

난 얼마나 잔 거야?

네 달력 좀 한번 봐.

11월 페이지가 아직도 맨 위쪽에 있네.

네게 들려줄 이야기를 한번 생각해볼게.

그는 주머니에서 단추들을 모두 꺼냈어요.

수영하기 정말 좋은 날이네!

저기 거북이한테 꺼지라고 말해줘.

내가 꼭 해야만 하는 어떤 일이 있어.

왜 창밖을 계속 쳐다보는 거니?

영어로 말할 수 있는 문장이 몇 개나 되나요? 얼핏 쉬워 보여도 막상 영어로 말하려니 쉽지 않죠?

이 텍스트는 '그림책의 노벨상'이라고 불리는 콜더컷상을 수상한 아놀드 로벨의 《개구리와 두꺼비는 친구(Frog and Toad Are Friends)》(1996, 비룡소)에 나오는 문장입니다. 영어 수준으로 따지자면 미국의 초등학교 2학년 수준이에요.

그럼 이번에는 영문으로 보겠습니다.

The sun is shining.

I am going back to bed.

How long have I been asleep?

Look at your calendar.

The November page was still on top.

Let me think of a story to tell you.

He took all of the buttons out of his pocket.

What a day for a swim!

Tell that turtle to go away.

There is something that I must do.

Why do you keep looking out of the window?

때로는 복잡하고 추상적인 문장을 영어로 말하는 것보다, 이처럼 간단하면서도 일상적인 문장을 말하는 것이 더 어렵기도 합니다. 왜냐하면 지금까지 배워왔던 공부법 때문이에요. 대부분 독해와 문법 위주로 배우다 보니, 또 교과서에 실린 딱딱한 영어 문장을 다루고 공부하다 보니, 이처럼 부드러운 문장이 더 어렵게 느껴지는 것이죠. 영어 그림책 다독은 이러한 약점을 보충하는 데 좋은 효과를 발휘하는 방법입니다.

다독을 권하는 이유

우리나라와 교육 환경이 비슷한 일본에서 한때 영어 다독 열풍이 거세게 분 적이 있습니다. 다독 열풍의 계기가 된 것은 구니히데 사카이 교수가 쓴 《영어, 사전과 문법은 버려라!》(2004, 피어슨에듀케이션코리아)라는 책이었죠. 사카이 교수는 '100만 단어의 영어 문장을 읽어야 1,000개의 단어를 자기 것으로 만들 수 있다'고 주장했습니다. 그리고 청소년 및 성인 학습자들을 두루 대상으로 자신의 영어 다독 지도법을 교육 현장에서 직접 실천하여 큰 성과를 거두며 일본 사회에 커다란 반향을 불러일으켰습니다.

사카이 교수가 말하는 '100만 단어'란 같은 단어가 여러 번 등장하는 것까지 포함해, 우리가 읽는 전체 분량이 100만 단어라는 의미입니다. 각각 다른 단어 100만 개를 익힌다는 엄청난 수준을 의미하는 것이 아닙니다.

영어 실력 = 경험한 영어의 양

우리는 흔히 '이해 어휘'와 '활용 어휘'를 착각하는 경향이 있습니다. 여기서 이해 어휘란 읽거나 들을 때 의미를 알 수 있는 단어를, 활용 어휘란 작문을 하거나 대화할 때 사용하는 단어를 가리킵니다. 사카이 교수가 말하는 100만 단어란 바로 활용 어휘예요. 그리고 이 책에서 강조하는 요점도 결국 활용 어휘인 셈입니다.

한번 생각해보세요. 영어 단어를 많이 알고 있는 것 같지만 대부분 이해 어휘일 뿐, 자신 있게 문장으로 말할 수 있는 활용 어휘는 매우 적습니다. 이런 관점에서 볼 때 활용 어휘 1,000개는 결코 적은 숫자가 아닙니다. 1,000개의 단어만 제대로 문장으로 말할 수 있어도 영어권 국가에서 일상생활을 하면서 충분히 영어로 대화가 가능합니다.

사카이 교수의 주장은 외국어습득이론의 최고 권위자로 손꼽히는 미국의 언어학자 스티븐 크라센(Stephen Krashen) 교수의 저서 《크라센의 읽기 혁명(The Power of Reading)》(2013, 르네상스)에서 소개된 다음과 같은 연구 결과를 바탕으로 합니다.

영어를 모국어로 하는 어린이들이 100만 단어를 읽으면, 1,000개의 단어를 익히게 됩니다.

크라센 교수는 이와 같은 연구 결과를 바탕으로 "Extensive reading is not the best way. It's the ONLY way(다독은 최상의 방법이 아니다. 다독은 유일한 방법이다)"라고 말했습니다.

영어 실력 = 경험한 영어의 양

이는 영어 학습에서 불변의 진리입니다. 사카이 교수의 영어 다독 학습법의 핵심 역시 '100만 단어를 경험하면 활용 어휘 1,000개의 단어를 익힐 수 있고, 그 결과 영어 말하기 실력이 향상된다'는 의미이니까요.

그러나 한 가지 전제가 있습니다. 바로 말하기 위해서는 먼저 머릿속에 활용 어휘를 바탕으로 한 영어 문장이 충분히 입력되어 있어야 한다는 거예요. 곧 머릿속에 되도록 많은 영어 문장이 입력된 상태여야만 비로소 입으로 영어를 말할 수 있다는 뜻이지요. 이러한 측면에서 볼 때 센텐스-빌딩 훈련과 영어 그림책 다독은 '영어 말하기'라는 하나의 목표를 향한 상호 보완적 학습이라 할 수 있습니다.

영어 다독 학습을 위한 직접 가이드

지금까지 국내에 소개된 언어학자들이나 외국어 교육 전문가들의 다독 학습법은 매우 다양합니다. 그러나 사카이 교수만의 독특한 점은 바로 영어 다독의 목표를 읽기가 아니라 말하기에 두었다는 것입니다.

어린아이들이 모국어를 습득하는 과정을 생각해보세요. 듣고 - 말하고 - 읽고 - 쓰는 순서입니다. 읽기보다 말하기가 우선이지요. 이 관점에서 본다면, 오늘날 한국과 일본의 영어 교육은 모국어

습득이론에 역행하는 방식입니다. 말하기보다 읽기를 우선시하고 있으니까요.

물론 이렇게 된 데에는 문법을 도구 삼아 영어 문장을 우리말로 번역하면서 이해하는 버릇을 강요한 학교 교육의 책임이 큽니다. 그런 면에서 읽기보다 말하기를 우선으로 하는 사카이 교수의 영어 다독 지도법은 상당히 파격적이었습니다. 그러다 보니 실행 초기에는 교사를 비롯한 영어 교육의 공급자들로부터 상당한 비난을 받았어요.

그에 반해 영어 교육의 실수요자인 학습자들은 커다란 지지와 호응을 보냈습니다. 문법과 독해 위주의 주입식 학습에 답답함을 느껴왔기에, 이단처럼 여겨지는 영어 다독 학습 표어와 구체적 실행 지침에 열광했던 거였지요. 그럼 사카이 교수가 주장한 영어 다독 학습 표어와 구체적 실행 지침을 살펴보겠습니다.

〈영어 다독 학습 표어〉

- 쉬운 그림책부터 시작한다.
- 모르는 곳은 건너뛴다.
- 이해할 수 없으면 당장 다른 책으로 바꾼다.

〈영어 다독 학습 실행 지침〉

- 사전을 찾지 않는다.
- 문법을 생각하지 않는다.
- 우리말로 번역하지 않는다.

쉬운 그림책을 선택하고 모르는 곳을 건너뛰면서 읽으면 미처 생각지도 못했던 이점을 발견하게 됩니다. 바로 덩어리 읽기 연습이 가능해진다는 것이지요.

여기서 '덩어리 읽기'란 책을 펼친 후 손을 멈추지 않고 다음 페이지로 쭉쭉 넘기면서 읽어 내려가는 걸 의미합니다. 이렇듯 멈추지 않고 책을 쭉 읽어 내리면 머리로 생각할 여유가 없어집니다. 모르는 단어는 자연히 건너뛸 수밖에 없게 되지요. 또 단어를 몇 개씩 한데 묶어 덩어리로 읽게 됩니다.

센텐스-빌딩 훈련에서 문장을 이해하는 기본 단위는 청크, 즉 의미 덩어리입니다. 같은 맥락에서 영어 그림책 다독과 센텐스-빌딩 훈련은 '의미 덩어리'를 매개로 서로 통하고 있으며, 여기서 바로 상생 효과가 발생하는 것이죠.

100만 단어 만나기 프로젝트

아마 지금쯤 '얼마만큼 읽어야 100만 단어를 경험하게 될까요?' 라는 궁금증이 생겨날 겁니다.

보통 100만 단어는 300페이지 두께의 책으로 열 권 정도입니다. 이를 얇은 영어 그림책으로 환산하면 30페이지 두께의 책으로 100권 정도가 돼요. 그리고 20~50페이지짜리 영어 그림책은 70~80권 정도랍니다.

이렇게 100만 단어를 경험하면 자신에게 맞는 쾌적한 속도로 책을 읽어 내려가는 사람, 즉 '유창한 독자(fluent reader)'가 될 수 있습니다. 그리고 유창한 독자가 되면 비로소 '유창한 말하기'도 가능해져요.

그러나 영어 그림책 다독을 실천하기로 결정하고 나면 원서 구입비에 대한 걱정도 생기게 마련입니다. 몇 년 전만 해도 개인적으로 영어 그림책 다독을 실천한다는 것이 꽤 만만치 않았습니다. 책값 때문이었죠. 그런데 몇 년 전부터 영어권 국가들이나 중국에서 값싼 중고 그림책 원서가 수입되면서 상황이 바뀌었습니다. 인터넷에서 '중고 그림책 원서'를 검색해보세요. 다양한 종류의 중고 그림책 원서를 저렴한 가격에 구입할 수 있습니다.

저는 지난 2년여 동안 다양한 연령대의 학습자들에게 영어 그림책 다독을 실행했으며, 실천 방법에 대해서도 자문을 해주었습니다. 결과는 무척 고무적이었어요. 가장 큰 변화는 성인 학습자들에게서 나타났습니다. 처음에는 그림책 읽기에 다소 냉소적이었지만, '말하기를 위한 다독'에 적응하면서 바뀌기 시작했거든요. 제게는 하나의 감동과도 같은 경험이었습니다.

CHAPTER 3

영어 말하기의 빈틈을 메운다 ②

SENTENCE BUILDING

영어 말하기 최고의 교재, 교과서

해외 체류 경험 없이 한국에서 쭉 살면서 대학까지 다닌 사람들이 유창한 영어를 구사하기는 상당히 어렵습니다. 대학 졸업 후 영어권 국가로 유학이나 이민을 간다 해도 영어를 유창하게 구사하는 건 쉽지 않아요. 그런데 예전에 무척 예외적인 분을 만난 적이 한 번 있습니다.

그분은 1970년대에 한국에서 대학을 다니고 영국으로 유학을 떠났습니다. 영국에서 박사 학위를 취득한 뒤 그곳 대학에서 교수 생활을 하고 있었지요. 외국인이 영국 학생들을 대상으로 하여 영어로 강의한다는 것은 영어가 웬만큼 유창하지 않고서는 불가능한 일입니다. 특히 순수 국내파라고 할 수 있는 그분의 영어 구사는 감탄이 절로 나올 만큼 유창했습니다. 그래서 그분께 솔직히 여쭤보았습니다.

"한국에서 대학까지 다니셨는데 어쩌면 그렇게 영어가 유창하세요? 무슨 비결이라도 있으세요?"

"영어에 관한 한, 오늘의 저를 있게 해주신 분은 고등학교 때 교장선생님이에요. 우리 땐 고교 입시 제도가 있었는데, 저는 세칭 명문고등학교에 다녔어요.

2학년 신학기 무렵에 새로운 교장선생님이 오셨는데, 그분은 토요일을 제외하고 매일 아침에 전교생 조회를 실시했어요. 그 조회는 다름 아니라 '영어 교과서 암기 체크 조회'였습니다. 그러니까 매일 전교생이 쭉 줄을 서서 한 사람씩 그날 외워야 하는 영어 교과서 문장을 선생님께 검사받고, 잘 외우지 못하면 외울 때까지 교실에 못 들어가게 했죠.

그때는 그 조회가 무척 싫었고 또 공포의 시간이기도 했는데, 돌이켜보면 지금의 제 영어 실력은 그때 기본이 만들어진 것 같아요. 그때 외웠던 문장은 지금도 잠결에 술술 말할 수 있을 만큼 생생하게 기억이 나니까요."

그분의 영어 공부 스토리를 듣고는 고개를 끄덕일 수밖에 없었습니다. 이것이야말로 평생 가는 참교육이라 할 수 있겠지요. 영어 교육에 종사하는 사람으로서 배울 점이 참 많았던 대화였고 귀중한 시간이었습니다.

문법보다 실용영어에 집중한다

한 여학생이 한 남학생에게 다가가더니 "Do you have the time?"이라고 다정하게 묻습니다. 이때 남학생의 반응은 어떨까요? 어쩌면 속으로 '이야, 오늘 정말 운 좋은 날이구나'라고 쾌재를 부르며 "Yes, I have"라고 어색한 미소를 지으며 대답할지도 모릅니다. 이렇게 대답한다면 그 남학생은 엄청난 착각을 한 거예요. 'Do you have the time?'의 의미를 '시간 있어요?'라고 오해한 거니까요.

'Do you have the time?'은 '시간 있어요?'가 아니라 '지금 몇

시예요?'라는 뜻이에요. 만약 영어로 '시간 있어요?'라고 말하려면 time 앞에 아무 단어도 붙이지 말든지, 아니면 the 대신 a를 넣어 'Do you have time?' 또는 'Do you have a time?'이라고 말해야 합니다. time 앞에 the를 붙이면 '지금의 시각'을 뜻하기 때문이거든요.

우리말에서도 '시간'과 '시각'은 의미가 다릅니다. 영어도 마찬가지예요. '시간'이라고 할 때는 time만 단독으로 사용하거나 앞에 a를 붙입니다. 그리고 '시각'을 말할 땐 time 앞에 the를 붙여야 하지요.

따라서 원어민이 누군가에게 시간을 물을 때는 'Do you have the time?' 또는 'What's the time, please?'라는 문장을 자주 사용해요. 흔히 알고 있는 'What time is it now?'라는 문장보다 훨씬 자주 사용하죠.

문법책을 통해 관사, 즉 a와 the를 아무리 열심히 공부한들 이처럼 일상적인 문장을 이해하지 못한다면 무슨 소용이 있을까요? 영어로 유창하게 말하고 싶다면 문법에만 매몰되지 말고, 되도록 실용적인 영어 문장을 많이 읽고 들음으로써 자연스런 영어 표현을 익혀야 합니다. 이런 면에서 중 · 고등 영어 교과서에 수록된 영어 지문과 대화 문장은 아주 좋은 텍스트입니다.

교과서만은 통째로 암기한다

국내에서 영어 꽤나 한다는 사람들에게 자신만의 영어 회화 비결을 물어보면 이렇게 대답하는 경우가 굉장히 많습니다.

"영어 교과서를 통째로 암기했어요."

어찌 보면 다소 무식한 것 아닌가 싶은 공부법입니다. 그러나 사실은 매우 효과적인 영어 회화 학습법이에요. 만약 영어 교과서에 있는 내용을 통째로 암기할 수만 있다면 영어 회화 실력은 그 자체로 이미 결판 난 것이나 다름없습니다. 특히 직접 입으로 말하며 소리 내어 읽고, 듣기를 병행하면서 영어 교과서 문장을 암기하면 큰 도움이 됩니다.

음악 앨범을 여러 번 반복해서 듣다 보면 수록곡의 순서를 저절로 외우게 됩니다. 일부러 노래 순서를 외우려고 한 것도 아닌데 말이에요. 단지 반복해서 듣다 보니 무의식적으로 외우게 된 것이지요. 그래서 한 곡을 들으면 다음 곡은 무엇이 나올지 자연스레 알아채게 됩니다.

영어 교과서 문장 암기 역시 마찬가지입니다. 문장을 여러 차례 반복해서 듣다 보면 자기도 모르는 사이에 문장이 저절로 암기됩니다. 왜냐하면 영어의 리듬감이 마치 노래의 멜로디처럼 뇌를 자극하기 때문입니다. 그리고 설사 암기되지 않더라도 반복 청취하는 과정에서 청취력 향상이라는 보너스를 얻게 되죠. 요즘은 영어 교과서 문장을 원어민의 음성으로 녹음한 CD나 음원 파일을 구하기 쉬우니, 암기에 활용하기 더욱 좋습니다.

덩어리 읽기와 강세 조절 읽기에 집중한다

영어 교과서 문장을 소리 내어 읽거나 원어민 녹음을 들을 때도 나름대로 요령이 있습니다. 앞서 암기와 암송을 설명하면서 영어 문장의 암송 요령을 언급했지요. 기억을 되살리는 의미에서 다시 한 번 짧게 말씀드리겠습니다.

영어 문장을 암송할 때는 '덩어리(chunk) 읽기'와 '강세(stress) 조절 읽기'의 두 가지에 힘쓰며, 자연스럽게 일상 속도로 리듬감을 살려 읽어야 합니다.

덩어리 읽기와 강세 조절 읽기는 영어 문장 읽기에만 국한되는 원칙이 아닙니다. 영어 문장을 들을 때 역시 똑같이 적용되는 원칙이자 요령입니다. 문장에서 의미 덩어리가 끝날 때마다 짧게 쉬는 끊어 읽기, 강하게 발음되는 단어, 약하게 발음되는 단어가 번갈아 가며 나타나는 강약에 유의하며 원어민 오디오파일을 주의 깊게 듣는 거죠.

실제로 중 · 고등 학생들이 듣기 연습하는 모습을 보면 끊어 읽기와 강약에는 큰 관심이 없습니다. 그런 사실 자체를 아예 모르는 학생들도 많습니다. 그보다는 정답 고르기, 즉 리스닝 문제 답 맞히기에만 신경을 곤두세웁니다. 하지만 그런 방법으로는 리스닝 점수를 올릴 수 있을지는 몰라도 원어민의 일상적인 영어를 이해하기는 거의 불가능합니다. 다음에 소개하는 교과서 낭독 암송 요령으로 학습해야 비로소 효과가 발휘됩니다.

〈교과서 낭독 암송 요령〉

- 먼저 원어민 오디오파일을 주의 깊게 들으며
- 교과서의 문장마다 의미 단위에 '끊어 읽기' 표시와

• 강하게 발음하는 단어에 동그라미 표시를 한다.
• 그러고 나서 오디오파일 듣기와 큰 소리로 따라 말하기를 번갈아가며
• 최소 10회 이상 반복한다.

영어 교과서로 듣고 따라 말하기를 할 때 이 암송 요령을 실천하며 직접 연습해보세요. 그러면 3개월도 지나지 않아 듣기 실력 향상은 물론이고, 자연스러우면서도 리듬감 있는 영어 발음이 가능해질 겁니다. 시험 점수와 영어 유창성이라는 두 마리 토끼를 한 번에 잡는 실천 요령이지요.

이 방법을 주변의 중 · 고등학생들에게 적용해 효과를 본 사람도 있습니다. 제 지인 중 한 사람은 학교나 학원에서 영어를 가르치는 교사는 아니지만, 영어 교육과 관련된 일을 해서 영어가 상당히 유창합니다. 순수 국내파인 그 사람이 영어를 유창하게 할 수 있게 된 것은 낭독과 암송으로 영어 문장을 듣고 따라 말하는 훈련을 꾸준히 실천한 결과였습니다.

그는 자신의 경험을 언어적 감수성이 한창 민감한 청소년들에게 꼭 전수해주고 싶어 했어요. 그러던 차에 지인으로부터 고등학교 1학년생인 딸에게 영어를 지도해줄 수 있겠냐는 부탁을 받았습

니다. 처음에는 완곡히 거절했지만, 평소 그의 영어 학습법을 눈여겨봐온 지인이 거듭 부탁했어요.

"우리 아이가 이제까지 영어학원을 계속 다니긴 했지만, 효과도 별로 없는 것 같고 영어에 흥미 자체가 아예 없는 것 같아. 그러니 딱 3개월만 당신이 공부한 방식대로 지도해줘."

이에 그 사람은 일주일에 한 번씩 3개월만 하는 조건으로 무료 지도를 시작했습니다. 처음 만남에서 그 사람은 먼저 학생에게 학원에서 배우는 영어 교재를 모두 가지고 오라고 말했습니다. 학생이 교재를 한 아름 들고 왔는데, 말 그대로 '문법 따로, 독해 따로, 듣기 따로'였다고 해요. 그 순간 문제점이 즉각적으로 파악되었죠. 그는 학생에게 이렇게 말했답니다.

"이제부터는 딱 교과서 하나만으로 공부할 거야. 교과서 문장 듣고 따라 말하기를 하면서 완전히 외울 때까지 반복해보자."

이렇게 말하며 그 사람은 일주일에 한 번씩 만날 때마다 끊어 읽기와 강약에 초점을 맞춘 듣기 및 말하기 요령을 직접 시범 보이며

지도하고, 학생이 제대로 실천하고 있는지를 철저히 체크했습니다. 학생은 처음에는 놀라움과 호기심이 뒤섞인 반응을 보였다고 합니다. 자기가 알던 기존의 공부 방식과 너무 달랐기 때문입니다.

하지만 발음이 조금씩 유창해지는 것을 스스로 체감하면서 학생의 태도도 달라지기 시작했습니다. 그리고 3개월이 조금 못 되어 치른 중간고사에서 지난번 시험보다 무려 30점 가까이 영어 성적이 올랐다고 합니다.

한국에서 중 · 고등학교 시절은 '영어 말하기의 동면기'에 해당합니다. 영어 말하기 공부를 포기한 채 곰이 겨울잠 자듯 긴 휴식기를 가집니다. 안타깝지만 이게 한국 교육의 솔직한 현실입니다. 영어 말하기는 모두 대학 입학 이후로 미룹니다. 하지만 대학 입학 후 어학연수를 가는 등 영어 말하기 공부에 열을 올려봐야 대부분 기대에 못 미치는 성과만 거두게 되죠.

지금이라도 늦지 않았습니다. 영어 말하기 공부를 나중으로 미루거나 너무 늦었다고 포기하지 말고, 중 · 고등학교 영어 교과서를 활용해 시험 점수와 영어 유창성이라는 일석이조의 방법을 실천해보세요. '등잔 밑이 어둡다'는 말처럼 영어 교과서라는 좋은 영어 말하기 교재를 놔두고 딴 곳에서 보물을 찾아 헤매지는 않았는지 반성해볼 필요가 있습니다.

AI 프리토킹 가이드

요즘 4차 산업혁명이란 말이 유행입니다. 그리고 4차 산업혁명의 기반이 되는 핵심기술 가운데 하나로 AI가 꼽힙니다. 이세돌 기사와 대국으로 우리에게도 친숙한 알파고를 비롯해 자율주행 자동차에 이르기까지 매우 다양한 분야에서 AI 기술이 사용되고 있습니다.

현재 세계에서 가장 많이 팔리고 유명한 AI 스피커는 미국의 거대 유통기업 아마존이 출시한 아마존 에코입니다. 알렉사(Alexa)라는 별명으로 더 유명하죠. 구글도 이에 질세라 구글 홈이라는 AI 스피커를 출시하고 아마존을 바짝 추격하고 있습니다.

아마존 에코와 구글 홈은 뛰어난 성능에도 불구하고 국내 소비자들에게는 일종의 그림의 떡과 같습니다. 왜냐하면 모든 실행 명령을 영어로 말해야 하고 또 대답도 영어로만 말해주기 때문입니다. 영어라는 언어의 장벽이 사용을 가로막고 있는 겁니다.

그러나 영어 말하기에 목마른 학습자들에게는 오히려 징짐입니다. AI 스피커를 영어 대화 상대로 이용할 수 있으니까요. 해외직구라는 불편함을 감수하고 AI 스피커를 구매한 사람들에게 조사해 보았더니, 30퍼센트 이상의 사람들이 "영어 대화를 목적으로 구입했다"고 대답했습니다. 그중에는 성인 영어 학습자들뿐 아니라 자녀가 AI 스피커를 가지고 놀면서 자연스럽게 영어로 말하는 습관이 형성되길 바라는 부모님들도 포함돼 있었지요.

저도 출시 초기부터 AI 스피커를 구입해 실전에서 사용했습니다. 그 결과 청소년부터 일반 성인까지 평소에 부족했던 영어 말하기의 기회를 AI 스피커로 어느 정도 채워줄 수 있다는 확신이 생겼습니다.

작은 예를 하나 들어보겠습니다. 저의 권유로 AI 스피커를 구매한 가족이 있었답니다. 그 가족은 시간을 정해놓고 영어 대화 놀이를 시작했어요. 그러고는 그 모습을 동영상으로 찍어서 보내줬는데, 정말 감동적이었습니다. 아이들은 영어를 공부가 아니라 생활로 자연스럽게 받아들였고, 부모 역시 더듬거리지만 끊임없이 영어로 말하고자 애쓰고 있었습니다. 영어도 영어지만, 가족애가 무럭무럭 자라나는 듯해 정말 흐뭇했습니다.

그러나 아쉬운 점은 AI 스피커를 영어 대화 상대로 활용하는 데 한계가 분명하다는 것입니다. 예컨대 "Do you think I'm smart?" 라고 질문하면 "I'm not sure about that"이라는 실망스러운 대답을 해요. 또 "Have you seen the movie *Frozen*?"이라고 물어보면 생뚱맞게도 영화 〈Frozen(겨울왕국)〉의 검색 결과를 영어로 장황하게 늘어놓습니다. 따라서 AI 스피커가 어떤 질문에 잘 대답할 수 있는지 미리 알아두는 편이 좋습니다.

다음은 그동안 AI 스피커로 직접 실험을 하며 수집한 문장 리스트입니다. AI 스피커를 대화 상대로 활용하는 데 가장 유용한 문장만 정리한 것이니, 직접 해보시길 추천합니다.

- Hello!

  안녕하세요!

  Hi!

  안녕!

- Good morning!

  안녕하세요! (오전에)

  Good afternoon!

  안녕하세요! (오후에)

  Good evening!

  안녕하세요! (저녁에)

Good night!

잘 가요! / 잘 자요! (밤에 헤어질 때)

- How are you doing?

  어떻게 지내세요?

  How do you feel today?

  오늘 기분은 어때요?

- My name is James. How do you do?

  제 이름은 제임스입니다. 처음 뵙겠습니다.

- I'm Stella. Nice to see you.

  전 스텔라예요. 만나서 반가워요.

- Tell me about yourself.

  자신에 대해서 말씀해주세요.

- How old are you?

  몇 살이에요?

  How tall are you?

  키가 얼마나 돼요?

- Do you have a family?

가족이 있어요?

Do you have a girlfriend?

여자친구 있어요?

- I'm home.

다녀왔습니다. (외출하고 돌아오면서)

I have a cold.

감기에 걸렸어요.

I'm pretty busy.

난 많이 바빠요.

I'm so tired.

난 무척 피곤해요.

- Do you think I'm pretty?

내가 예쁜 것 같아요?

Do you think I'm Korean?

내가 한국 사람인 것 같아요?

- Happy New Year!

행복한 새해를 맞이하세요!

Happy Valentine's Day!

밸런타인데이 잘 보내세요!

Happy Halloween!

핼러윈 즐겁게 보내요!

Happy Easter!

기쁜 부활절입니다!

- Can you count 10?

10까지 셀 수 있니?

Can you count from 10 to 20?

10에서 20까지 셀 수 있니?

- Say the alphabet.

알파벳을 말해봐.

- How do you spell "Alexa"?

'알렉사'는 철자가 어떻게 되지?

How do you spell "giraffe"?

'기린'은 철자가 어떻게 되지?

- Can you tell me a tongue twister?

나한테 발음하기 어려운 어구를 얘기해줄래?

• What does a tiger sound like?

호랑이는 어떤 소리를 내?

What does an elephant sound like?

코끼리는 어떤 소리를 내?

• Sing “Happy Birthday”.

〈생일 축하합니다〉를 노래해봐.

Sing “Jingle Bell”.

〈징글벨〉을 노래해봐.

Sing “Gangnam Style”.

〈강남 스타일〉을 노래해봐.

• Play some music.

음악 좀 연주해봐.

Play some hiphop music.

힙합 좀 연주해봐.

Play music by Psy.

싸이 음악을 연주해봐.

Play music by Mozart.

모차르트 음악을 연주해봐.

- Simon says, “I love you.”

  사이먼이 ‘사랑해’라고 말해.

  Repeat after me, “I am a city child. I live in Chicago.”

  날 따라 해봐. “전 도시 아이고요, 시카고에서 살아요.”

- Play Rock, Scissors, Paper.

  가위바위보를 해봐.

- Flip a coin. Heads or tails?

  동전을 던져봐. 앞이야, 뒤야?

- Hey, roll a dice.

  주사위를 굴려봐.

- Tell me about the movie “Frozen”.

  〈겨울왕국〉 영화를 얘기해줘.

  Tell me about K-pop.

  케이팝 얘기를 해줘.

- What does “fantastic” mean?

  ‘fantastic’이 무슨 뜻이야?

  What’s the definition of “fantastic”?

  ‘fantastic’의 정의가 뭐야?

- What's another word for "fantastic"?

  'fantastic'의 다른 말이 뭐야?

  What's another word for "buddy"?

  'buddy'의 다른 말이 뭐야?

- Translate "Good morning" to Spanish.

  '굿모닝'을 스페인어로 번역해줘.

  Translate "Bye Bye" to Italian.

  '바이바이'를 이탈리아어로 번역해줘.

- Translate "Adios" to English.

  '아디오스'를 영어로 번역해줘.

  Translate "맥주" to English.

  '맥주'를 영어로 번역해줘.

- What's the time?

  몇 시야?

  What's the date?

  며칠이야?

- What's the weather like today?

  오늘 날씨는 어떠니?

What's the weather going to be like this weekend?

이번 주말은 날씨가 어떨 것 같아?

- How's the weather in Seoul?

서울은 날씨가 어때?

How's the weather in Hawaii?

하와이는 날씨가 어때?

- Do I need an umbrella today?

오늘 우산이 필요할까?

Will it rain tomorrow?

내일 비가 올까?

- Is it hot outside?

밖이 덥니?

Is it cold outside?

밖이 춥니?

- What's 5 plus 8?

5 더하기 8은 뭐야?

What's 78 plus 12?

78 더하기 12는 뭐야?

- What's 10 minus 3?

  10 빼기 3은 뭐야?

  What's 235 minus 41?

  235 빼기 41은 뭐야?

- What's 6 times 8?

  6 곱하기 8은 뭐지?

  What's 17 times 25?

  17 곱하기 25는 뭐지?

- What's 32 divided by 8?

  32 나누기 8은 뭐야?

  What's 552 divided by 12?

  552 나누기 12는 뭐야?

- What's 10 percent of 1650 dollars?

  1,650달러의 10퍼센트가 얼마지?

- How high is Mount Everest?

  에베레스트산은 높이가 얼마나 돼?

  How long is the Great Wall of China?

  중국의 만리장성은 길이가 얼마나 돼?

- How many meters are in a mile?

1마일은 몇 미터야?

How many grams are in a kilogram?

1킬로그램이 몇 그램이야?

- How many weeks are in a year?

1년은 몇 주지?

How many states are in the US?

미국에는 주가 몇 개지?

- How far is the moon?

달은 얼마나 멀어?

How far is it from here to India?

여기서 인도까지 얼마나 멀어?

- How long is a flight from here to India?

여기서 인도까지 비행시간이 얼마나 되지?

- What's the capital of India?

인도의 수도는 어디야?

What's the population of India?

인도의 인구는 얼마나 돼?

- How many people live in India?

인도에는 사람들이 얼마나 살아?

How many people live in China?

중국에는 사람들이 얼마나 살아?

- Who's the richest person in the world?

세계에서 가장 부자는 누구야?

Who's the current president in South Korea?

지금 한국 대통령이 누구야?

- How much money does Bill Gates have?

빌 게이츠는 돈이 얼마나 있어?

- Who is Michael Jordan?

마이클 조던이 누구야?

Who is Yuna Kim?

김연아가 누구야?

- Who wrote "Harry Potter"?

누가 《해리포터》를 썼어?

Who wrote "The Lord of the Rings"?

누가 《반지의 제왕》을 썼어?

- Who sings "Gangnam Style"?

  누가 〈강남 스타일〉을 부르지?

- Who sings the song "Yesterday"?

  누가 〈예스터데이〉를 노래하지?

- Who plays in the movie "Titanic"?

  누가 〈타이타닉〉 영화에 출연하지?

- When is Labor day this year?

  올해는 노동절이 언제야?

  When is Thanksgiving this year?

  올해는 추수감사절이 언제야?

부록

영어가 입에서 바로 나오는 영어 문장 만들기 훈련

Lesson 1

지금부터는 예문을 보고 순발력 있게 자유자재로 바꿔 말하는 연습을 해볼 시간입니다. 모든 문장을 직접 말하며 시간을 재보세요.

네 단계로 분류한 LESSON 1~4의 문장은 각각 열 개입니다. 이를 100개의 문장으로 불려서 순발력 있게 말할 수 있는지 스스로 파악할 수 있는 자가진단 키트이기도 합니다.

할 때마다 스피킹 실전 테스트라고 생각하면서 해보세요. 그런 다음 테스트 결과를 비교해가며 센텐스-빌딩 훈련이 제대로 이루어지고 있는지 판단하는 방향키로 삼길 바랍니다.

- **Training**

1번부터 10번까지의 예문을 틀리지 않고 소리 내어 끝까지 말해보세요. 50초 이내에 성공했다면 영어 회화 순발력이 수준급입니다. 40초를 목표로 계속 도전해보세요!

1. Pasta is yummy.

(파스타는 맛있다.)

- [부정] ______________________________
- [응용(fried chicken)] ______________________________
- [의문 + 응용(pizza)] ______________________________

2. John is short and chubby.

(존은 키가 작고 통통하다.)

- [의문] ______________________________
- [일치(his sister)] ______________________________
- [부정 + 응용(tall and handsome)] ______________________________

3. There is a map over there.

(지도가 저쪽에 있다.)

- [의문]
- [응용(bike)]
- [의문 + 응용(laptop)]

4. There are several kids on the playground.

(놀이터에 아이들이 여러 명 있다.)

- [의문]
- [응용(bench)]
- [부정 + 응용(swing)]

5. They are excited about the movie.

(그들은 그 영화에 흥분하고 있다.)

- [의문]
- [일치(our uncle)]
- [부정 + 응용(mobile game)]

6. Paul often does the dishes.

(폴은 설거지를 자주 한다.)

- [일치(Dad)]
- [일치(they)]
- [의문 + 일치(your sister)]

7. He has awesome plans.

(그는 기막히게 좋은 계획이 있다.)

- [일치(we)]
- [부정]
- [의문 + 응용(idea)]

8. The students sometimes make mistakes in grammar.

(학생들은 때때로 문법에서 실수를 한다.)

- [의문]
- [일치(Tom)]
- [의문 + 일치(she)]

9. Every child wants the new iPad so badly.

(모든 아이들이 신형 아이패드를 매우 가지고 싶어 한다.)

- [의문]
- [일치(they)]
- [의문 + 응용(cellphone)]

10. John wants you to join the club.

(존은 네가 그 동아리에 들어오길 바란다.)

- [일치(we)]
- [부정]
- [의문 + 응용(choir)]

• Answer

1. Pasta is yummy.

(파스타는 맛있다.)

- [부정]

  Pasta is not yummy. (파스타가 맛없다.)

- [응용(fried chicken)]

  Fried chicken is yummy. (통닭은 맛있다.)

- [의문 + 응용(pizza)]

  Is pizza yummy? (피자는 맛있니?)

2. John is short and chubby.

(존은 키가 작고 통통하다.)

- [의문]

  Is John short and chubby? (존은 키가 작고 통통하니?)

- [일치(his sister)]

  His sister is short and chubby. (그 애 누나는 키가 작고 통통하다.)

- [부정 + 응용(tall and handsome)]

  John is not tall and handsome. (존은 키가 크지 않고 잘생기지도 않았다.)

3. There is a map over there.

(지도가 저쪽에 있다.)

- [의문]

  Is there a map over there? (저기에 지도가 있니?)

- [응용(bike)]

  There is a bike over there. (저기에 자전거가 있다.)

- [의문 + 응용(laptop)]

  Is there a laptop over there? (저기에 노트북이 있니?)

4. There are several kids on the playground.

(놀이터에 아이들이 여러 명 있다.)

- [의문]

  Are there several kids on the playground? (놀이터에 아이들이 여러 명 있니?)

- [응용(bench)]

  There are several benches on the playground.

  (놀이터에 벤치가 여러 개 있다.)

- [부정 + 응용(swing)]

  There are not several swings on the playground.

  (놀이터에 그네가 여러 개 있지 않다.)

5. They are excited about the movie.

(그들은 그 영화에 흥분하고 있다.)

- [의문]

  Are they excited about the movie? (그들이 그 영화에 흥분하고 있니?)

- [일치(our uncle)]

  Our uncle is excited about the movie. (우리 삼촌은 그 영화에 흥분하고 있다.)

- [부정 + 응용(mobile game)]

  They are not excited about the mobile game.

  (그들은 그 모바일게임에 흥분해 있지 않다.)

6. Paul often does the dishes.

(폴은 설거지를 자주 한다.)

- [일치(Dad)]

  Dad often does the dishes. (아빠는 설거지를 자주 하신다.)

- [일치(they)]

  They often do the dishes. (그들은 설거지를 자주 한다.)

- [의문 + 일치(your sister)]

  Does your sister often do the dishes? (너희 누나는 설거지를 자주 하니?)

7. He has awesome plans.

(그는 기막히게 좋은 계획이 있다.)

- [일치(we)]

  We have awesome plans. (우리는 기막히게 좋은 계획이 있다.)

- [부정]

  He does not have awesome plans. (그는 기막히게 좋은 계획이 없다.)

- [의문 + 응용(idea)]

  Does he have awesome ideas? (그에게 기막히게 좋은 생각이 있니?)

8. The students sometimes make mistakes in grammar.

(학생들은 때때로 문법에서 실수를 한다.)

- [의문]

  Do the students sometimes make mistakes in grammar?

  (학생들은 때때로 문법에서 실수를 하니?)

- [일치(Tom)]

  Tom sometimes makes mistakes in grammar.

  (톰은 때때로 문법에서 실수를 한다.)

- [의문 + 일치(she)]

  Does she sometimes make mistakes in grammar?

  (그녀는 때때로 문법에서 실수를 하니?)

9. Every child wants the new iPad so badly.

(모든 아이들이 신형 아이패드를 매우 가지고 싶어 한다.)

- [의문]

  Does every child want the new iPad so badly?

  (모든 아이들이 신형 아이패드를 매우 가지고 싶어 하니?)

- [일치(they)]

  They want the new iPad so badly.

  (그들은 신형 아이패드를 매우 가지고 싶어 한다.)

- [의문 + 응용(cellphone)]

  Does every child want the new cellphone so badly?

  (모든 아이들이 신형 휴대전화를 매우 가지고 싶어 하니?)

10. John wants you to join the club.

(존은 네가 그 동아리에 들어오길 바란다.)

- [일치(we)]

  We want you to join the club. (우리는 네가 그 동아리에 들어오길 바란다.)

- [부정]

  John does not want you to join the club.

  (존은 네가 그 동아리에 들어오길 바라지 않는다.)

- [의문 + 응용(choir)]

  Does John want you to join the choir?

  (존은 네가 그 합창단에 들어오길 바라니?)

Lesson 2

• Training

1번부터 10번까지의 예문을 틀리지 않고 소리 내어 끝까지 말해보세요. 1분 이내에 성공했다면 영어 회화 순발력이 수준급입니다. 50초를 목표로 계속 도전해보세요!

1. Jason was busy working on the project.

(제이슨은 프로젝트를 수행하느라 바빴다.)

- [일치(the students)] ____________________
- [의문 + 시제(현재)] ____________________
- [부정 + 응용(essay)] ____________________

2. She rushed into the elevator.

(그녀는 급하게 엘리베이터를 탔다.)

- [부정] ____________________
- [의문 + 응용(room)] ____________________
- [일치(Tim) + 시제(현재)] ____________________

3. He is drinking soda.

(그는 단산음료를 마시고 있다.)

- [시제(과거)]
- [의문 + 응용(green tea)]
- [일치(my friend Tim) + 부정]

4. I left my cellphone at home.

(나는 휴대전화를 집에 두고 왔다.)

- [부정]
- [일치(his sister) + 응용(umbrella)]
- [일치(you) + 의문]

5. Michael hung his pants in the closet.

(마이클은 옷장에 바지를 걸었다.)

- [의문]
- [부정 + 응용(jacket)]
- [시제(현재) + 의문]

6. I put leftover pizza in the microwave.

(나는 남은 피자를 전자레인지에 넣었다.)

- [부정]
- [일치(her aunt) + 시제(현재)]
- [일치(my mother) + 시제(미래 · be going to)]

7. The project will take a long time.

(그 프로젝트는 시간이 오래 걸릴 것이다.)

- [부정]
- [응용(meeting) + 의문]
- [응용(interview) + 시제(과거)]

8. They are going to have dinner in a fancy restaurant.

(그들은 고급 식당에서 저녁을 먹을 것이다.)

- [의문]
- [일치(my family) + 응용(lunch)]
- [일치(our parents) + 시제(과거)]

9. She cleans the floor with a mop.

(그녀는 대걸레로 바닥을 청소한다.)

- [부정] ________________

- [일치(her uncle) + 시제(현재진행)] ________________

- [시제(미래 · be going to) + 응용(hallway)] ________________

10. Julia is chatting with her friends at Mcdonald's.

(줄리아는 맥도널드에서 친구들과 수다를 떨고 있다.)

- [일치(his brother)] ________________

- [부정 + 응용(Starbucks)] ________________

- [의문 + 시제(미래 · will)] ________________

• Answer

1. Jason was busy working on the project.

(제이슨은 프로젝트를 수행하느라 바빴다.)

- [일치(the students)]

  The students were busy working on the project.

  (학생들은 프로젝트를 수행하느라 바빴다.)

- [의문 + 시제(현재)]

  Is Jason busy working on the project?

  (제이슨은 프로젝트를 수행하느라 바쁘니?)

- [부정 + 응용(essay)]

  Jason was not busy working on the essay.

  (제이슨은 에세이 작업을 하느라 바쁜 건 아니었다.)

2. She rushed into the elevator.

(그녀는 급하게 엘리베이터를 탔다.)

- [부정]

  She did not rush into the elevator. (그녀는 급하게 엘리베이터를 타지 않았다.)

- [의문 + 응용(room)]

  Did she rush into the room? (그녀가 급하게 방으로 들어갔니?)

- [일치(Tim) + 시제(현재)]

  Tim rushes into the elevator. (팀은 급하게 엘리베이터를 탄다.)

3. He is drinking soda.

(그는 탄산음료를 마시고 있다.)

- [시제(과거)]

  He was drinking soda. (그는 탄산음료를 마시고 있었다.)

- [의문 + 응용(green tea)]

  Is he drinking green tea? (그는 녹차를 마시고 있니?)

- [일치(my friend Tim) + 부정]

  My friend Tim is not drinking soda.

  (내 친구 팀은 탄산음료를 마시고 있지 않다.)

4. I left my cellphone at home.

(나는 휴대전화를 집에 두고 왔다.)

- [부정]

  I did not leave my cellphone at home.

  (나는 휴대전화를 집에 두고 오지 않았다.)

- [일치(his sister) + 응용(umbrella)]

  His sister left her umbrella at home.

  (그의 누나는 집에 우산을 두고 왔다.)

- [일치(you) + 의문]

  Did you leave your cellphone at home? (넌 네 휴대전화를 집에 두고 왔니?)

5. Michael hung his pants in the closet.

(마이클은 옷장에 바지를 걸었다.)

- [의문]

  Did Michael hang his pants in the closet? (마이클이 옷장에 바지를 걸었니?)

- [부정 + 응용(jacket)]

  Michael did not hang his jacket in the closet.

  (마이클은 옷장에 재킷을 걸지 않았다.)

- [시제(현재) + 의문]

  Does Michael hang his pants in the closet?

  (마이클은 옷장에 바지를 거니?)

6. I put leftover pizza in the microwave.

(나는 남은 피자를 전자레인지에 넣었다.)

- [부정]

  I did not put leftover pizza in the microwave.

  (나는 남은 피자를 전자레인지에 넣지 않았다.)

- [일치(her aunt) + 시제(현재)]

  Her aunt puts leftover pizza in the microwave.

  (그녀의 이모는 남은 피자를 전자레인지에 넣는다.)

- [일치(my mother) + 시제(미래 · be going to)]

  My mother is going to put leftover pizza in the microwave.

  (우리 엄마는 남은 피자를 전자레인지에 넣을 것이다.)

7. The project will take a long time.

(그 프로젝트는 시간이 오래 걸릴 것이다.)

- [부정]

  The project won't take a long time.

  (그 프로젝트는 시간이 오래 걸리지 않을 것이다.)

- [응용(meeting) + 의문]

  Will the meeting take a long time? (그 회의는 시간이 오래 걸릴까?)

- [응용(interview) + 시제(과거)]

  The interview took a long time. (그 인터뷰는 시간이 오래 걸렸다.)

8. They are going to have dinner in a fancy restaurant.

(그들은 고급 식당에서 저녁을 먹을 것이다.)

- [의문]

  Are they going to have dinner in a fancy restaurant?

  (그들은 고급 식당에서 저녁을 먹을 것인가?)

- [일치(my family) + 응용(lunch)]

  My family is going to have lunch in a fancy restaurant.

  (우리 가족은 고급 식당에서 점심을 먹을 것이다.)

- [일치(our parents) + 시제(과거)]

  Our parents were going to have dinner in a fancy restaurant.

  (우리 부모님은 고급 식당에서 저녁을 드실 예정이었다.)

9. She cleans the floor with a mop.

(그녀는 대걸레로 바닥을 청소한다.)

- [부정]

  She does not clean the floor with a mop.

  (그녀는 대걸레로 바닥을 청소하지 않는다.)

- [일치(her uncle) + 시제(현재진행)]

  Her uncle is cleaning the floor with a mop.

  (그녀의 삼촌은 대걸레로 바닥을 청소하고 있다.)

- [시제(미래 · be going to) + 응용(hallway)]

  She is going to clean the hallway with a mop.

  (그녀는 대걸레로 복도를 청소할 것이다.)

10. Julia is chatting with her friends at Mcdonald's.

(줄리아는 맥도널드에서 친구들과 수다를 떨고 있다.)

- [일치(his brother)]

  His brother is chatting with his friends at Mcdonald's.

  (그의 형은 맥도날드에서 친구들과 수다를 떨고 있다.)

- [부정 + 응용(Starbucks)]

  Julia is not chatting with her friends at Starbucks.

  (줄리아는 스타벅스에서 친구들과 수다를 떨고 있지 않다.)

- [의문 + 시제(미래 · will)]

  Will Julia chat with her friends at Mcdonald's?

  (줄리아는 맥도날드에서 친구들과 수다를 떨 것인가?)

Lesson 3

• Training

1번부터 10번까지 예문을 틀리지 않고 소리 내어 끝까지 말해보세요. 1분 10초 이내에 성공했다면 영어 회화 순발력이 수준급입니다. 1분을 목표로 도전해보세요!

1. The waffle tastes good with whipped cream.

(생크림을 곁들인 그 와플은 맛이 좋다.)

- [의문] ______
- [의문 + 시제(미래 · will)] ______
- [부정 + 시제(과거) + 응용(yogurt)] ______

2. I heard him come in.

(나는 그가 들어오는 소리를 들었다.)

- [응용(sing)] ______
- [부정 + 일치(we)] ______
- [일치(people) + 시제(현재완료) + 응용(shout)] ______

3. My dad takes the subway to work.

(우리 아빠는 직장까지 지하철을 타고 가신다.)

- [부정] ______
- [일치(the woman) + 시제(미래 · be going to)] ______
- [일치(Peter and I) + 시제(과거) + 응용(bus)] ______

4. They are helping move the desk.

(그들은 책상 옮기는 걸 돕고 있다.)

- [의문] ______
- [부정 + 시제(현재완료)] ______
- [의문 + 시제(과거) + 응용(furniture)] ______

5. He texts more often than me.

(그는 나보다 문자를 더 자주 한다.)

- [부정] ______
- [의문 + 시제(현재완료)] ______
- [일치(my friend) + 시제(과거) + 응용(email)] ______

6. He eats too much junk food.

(그는 인스턴트식품을 너무 많이 먹는다.)

- [시제(현재완료)]
- [의문 + 시제(과거)]
- [부정 + 일치(his sister) + 응용(chocolate)]

7. She has bought another cellphone case.

(그녀는 휴대전화 케이스를 또 하나 샀다.)

- [의문]
- [일치(my friend Mia) + 시제(현재)]
- [부정 + 시제(미래 · be going to) + 응용(backpack)]

8. He asked a few questions about it.

(그는 그것에 관해 몇 가지 질문을 했다.)

- [부정]
- [의문 + 시제(현재완료)]
- [일치(my friends and I) + 시제(미래 · will) + 응용(several)]

9. She seems to be happy with her school life.

(그녀는 학교생활에 만족하는 듯하다.)

- [부정]
- [의문 + 일치(his brother)]
- [일치(they) + 시제(과거) + 응용(disappointed)]

10. She is relaxing herself by listening to music.

(그녀는 음악을 들으면서 휴식을 취하고 있다.)

- [시제(현재완료진행)]
- [의문 + 일치(you)]
- [일치(our grandparents) + 시제(과거) + 응용(watch TV)]

• **Answer**

1. The waffle tastes good with whipped cream.

(생크림을 곁들인 그 와플은 맛이 좋다.)

- [의문]

Does the waffle taste good with whipped cream?

(생크림을 곁들인 그 와플은 맛이 좋니?)

- [의문 + 시제(미래 · will)]

Will the waffle taste good with whipped cream?

(생크림을 곁들인 그 와플은 맛이 좋을까?)

- [부정 + 시제(과거) + 응용(yogurt)]

The waffle did not taste good with yogurt.

(요구르트를 곁들인 그 와플은 맛이 좋지 않았다.)

2. I heard him come in.

(나는 그가 들어오는 소리를 들었다.)

- [응용(sing)]

I heard him sing. (나는 그가 노래 부르는 걸 들었다.)

- [부정 + 일치(we)]

We did not hear him come in. (우리는 그가 들어오는 소리를 못 들었다.)

- [일치(people) + 시제(현재완료) + 응용(shout)]

People have heard him shout. (사람들은 그가 소리치는 걸 들었다.)

3. My dad takes the subway to work.

(우리 아빠는 직장까지 지하철을 타고 가신다.)

- [부정]

  My dad does not take the subway to work.

  (우리 아빠는 직장까지 지하철을 타고 가시지 않는다.)

- [일치(the woman) + 시제(미래 · be going to)]

  The woman is going to take the subway to work.

  (그 여자는 직장까지 지하철을 타고 갈 것이다.)

- [일치(Peter and I) + 시제(과거) + 응용(bus)]

  Peter and I took the bus to work. (피터와 나는 직장까지 버스를 타고 갔다.)

4. They are helping move the desk.

(그들은 책상 옮기는 걸 돕고 있다.)

- [의문]

  Are they helping move the desk? (그들이 책상 옮기는 걸 도와주고 있니?)

- [부정 + 시제(현재완료)]

  They have not helped move the desk.

  (그들은 책상 옮기는 걸 도와준 적이 없다.)

- [의문 + 시제(과거) + 응용(furniture)]

  Were they helping move the furniture? (그들이 가구 옮기는 걸 돕고 있었니?)

5. He texts more often than me.

(그는 나보다 문자를 더 자주 한다.)

- [부정]

  He does not text more often than me.

  (그는 나보다 문자를 더 자주 하지 않는다.)

- [의문 + 시제(현재완료)]

  Has he texted more often than me? (그는 나보다 더 문자를 자주 했니?)

- [일치(my friend) + 시제(과거) + 응용(email)]

  My friend emailed more often than me.

  (내 친구는 나보다 더 자주 이메일을 보냈다.)

6. He eats too much junk food.

(그는 인스턴트식품을 너무 많이 먹는다.)

- [시제(현재완료)]

  He has eaten too much junk food. (그는 인스턴트식품을 너무 많이 먹었다.)

- [의문 + 시제(과거)]

  Did he eat too much junk food? (그는 인스턴스식품을 너무 많이 먹었니?)

- [부정 + 일치(his sister) + 응용(chocolate)]

  His sister does not eat too much chocolate.

  (그의 누나는 초콜릿을 너무 많이 먹지는 않는다.)

7. She has bought another cellphone case.

(그녀는 휴대전화 케이스를 또 하나 샀다.)

- [의문]

  Has she bought another cellphone case?

  (그녀가 휴대전화 케이스를 또 하나 샀니?)

- [일치(my friend Mia) + 시제(현재)]

  My friend Mia buys another cellphone case.

  (내 친구 미아는 휴대전화 케이스를 또 하나 산다.)

- [부정 + 시제(미래 · be going to) + 응용(backpack)]

  She is not going to buy another backpack.

  (그녀는 배낭을 또 하나 사지 않을 것이다.)

8. He asked a few questions about it.

(그는 그것에 관해 몇 가지 질문을 했다.)

- [부정]

  He did not ask a few questions about it.

  (그는 그것에 관해 몇 가지 질문을 하지 않았다.)

- [의문 + 시제(현재완료)]

  Has he asked a few questions about it? (그는 그것에 관해 몇 가지 질문을 했니?)

- [일치(my friends and I) + 시제(미래 · will) + 응용(several)]

  My friends and I will ask several questions about it.

  (내 친구와 나는 그것에 관해 여러 질문을 할 것이다.)

9. She seems to be happy with her school life.

(그녀는 학교생활에 만족하는 듯하다.)

- [부정]

  She does not seem to be happy with her school life.

  (그녀는 학교생활에 만족하지 않는 듯하다.)

- [의문 + 일치(his brother)]

  Does his brother seem to be happy with his school life?

  (그의 형은 학교생활에 만족하는 듯하니?)

- [일치(they) + 시제(과거) + 응용(disappointed)]

  They seemed to be disappointed with their school life.

  (그들은 학교생활에 실망한 듯 보였다.)

10. She is relaxing herself by listening to music.

(그녀는 음악을 들으면서 휴식을 취하고 있다.)

- [시제(현재완료진행)]

  She has been relaxing herself by listening to music.

  (그녀는 음악을 들으면서 휴식을 취하고 있다.)

- [의문 + 일치(you)]

  Are you relaxing yourself by listening to music?

  (넌 음악을 들으면서 휴식을 취하고 있니?)

- [일치(our grandparents) + 시제(과거) + 응용(watch TV)]

  Our grandparents were relaxing themselves by watching TV.

  (우리 조부모님은 텔레비전을 보면서 휴식을 취하고 계셨다.)

Lesson 4

• Training

1번부터 10번까지의 예문을 틀리지 않고 소리 내어 끝까지 말해보세요. 1분 30초 이내에 성공했다면 영어 회화 순발력이 수준급입니다. 1분 15초를 목표로 계속 도전해보세요!

1. We have to recycle plastic bottles.

(우리는 플라스틱 병을 재활용해야 한다.)

- [의문 + 일치(she)] ______________________
- [시제(과거) + 응용(milk cartons)] ______________________
- [일치(everybody) + 부정 + 응용(cans)] ______________________

2. It is hard to memorize sentences.

(문장 암기는 어렵다.)

- [부정 + 응용(read)] ______________________
- [의문 + 응용(build)] ______________________
- [시제(과거) + 의문 + 응용(type)] ______________________

3. Tom imagines traveling around the world.

(톰은 세계 일주를 상상한다.)

- [시제(현재완료) + 부정]
- [일치(your father) + 의문]
- [시제(과거) + 부정 + 응용(Europe)]

4. She advises me about choosing clothes.

(그녀는 나에게 옷 고르는 것에 대해 충고한다.)

- [일치(my friend) + 시제(현재완료진행)]
- [일치(my mother) + 부정]
- [일치(my friend Steve) + 시제(현재완료) + 응용(sneakers)]

5. Where do you study English?

(당신은 어디서 영어를 공부하나요?)

- [일치(the children) + 시제(현재완료)]
- [일치(Kate) + 응용(why)]
- [일치(they) + 시제(과거) + 응용(how)]

6. How long will you stay in Canada?

(얼마나 오랫동안 캐나다에 머무를 건가요?)

- [일치(she) + 시제(현재완료진행)] ______
- [시제(과거) + 응용(when)] ______
- [일치(her aunt) + 시제(과거) + 응용(why)] ______

7. She hates people who are selfish.

(그녀는 이기적인 사람들을 싫어한다.)

- [일치(everybody) + 의문] ______
- [시제(과거) + 응용(arrogant)] ______
- [일치(Cindy and her sister) + 의문 + 응용(lazy)] ______

8. I found the coat my mom likes.

(나는 우리 엄마가 좋아하는 외투를 발견했다.)

- [일치(you) + 의문] ______
- [일치(Steve) + 부정] ______
- [일치(they) + 시제(현재완료) + 응용(blouse)] ______

9. I'm thinking about what Jordan said.

(나는 조던이 한 말을 생각하고 있다.)

- [일치(Kate) + 의문] ______
- [일치(Kate and I) + 시제(과거) + 부정] ______
- [일치(the girl) + 시제(현재완료) + 의문] ______

10. As soon as she opens the door, a cat runs out.

(그녀가 문을 열자마자 고양이 한 마리가 뛰쳐나간다.)

- [일치(his brother) + 시제(미래 · will)] ______
- [일치(we) + 응용(two kittens)] ______
- [일치(the boy) + 시제(과거) + 응용(dog)] ______

• **Answer**

1. We have to recycle plastic bottles.

(우리는 플라스틱 병을 재활용해야 한다.)

- [의문 + 일치(she)]

  Does she have to recycle plastic bottles?

  (그녀는 플라스틱 병을 재활용해야 하니?)

- [시제(과거) + 응용(milk cartons)]

  We had to recycle milk cartons. (우리는 우유 곽을 재활용해야 했다.)

- [일치(everybody) + 부정 + 응용(cans)]

  Everybody does not have to recycle cans.

  (모두가 캔을 재활용할 필요는 없다.)

2. It is hard to memorize sentences.

(문장 암기는 어렵다.)

- [부정 + 응용(read)]

  It is not hard to read sentences. (문장을 읽는 건 어렵지 않다.)

- [의문 + 응용(build)]

  Is it hard to build sentences? (문장을 만들어내는 게 어렵니?)

- [시제(과거) + 의문 + 응용(type)]

  Was it hard to type sentences?

  (문장을 타이핑하는 게 어려웠니?)

3. Tom imagines traveling around the world.

(톰은 세계 일주를 상상한다.)

- [시제(현재완료) + 부정]

  Tom has not imagined traveling around the world.

  (톰은 세계 일주를 상상해본 적이 없다.)

- [일치(your father) + 의문]

  Does your father imagine traveling around the world?

  (너희 아버지는 세계 일주를 상상하시니?)

- [시제(과거) + 부정 + 응용(Europe)]

  Tom did not imagine traveling around Europe.

  (톰은 유럽 일주를 상상하지 않았다.)

4. She advises me about choosing clothes.

(그녀는 나에게 옷 고르는 것에 대해 충고한다.)

- [일치(my friend) + 시제(현재완료진행)]

  My friend has been advising me about choosing clothes.

  (내 친구는 나에게 옷 고르는 것에 대해 충고해주고 있다.)

- [일치(my mother) + 부정]

  My mother does not advise me about choosing clothes.

  (우리 엄마는 나에게 옷 고르는 것에 대해 충고하지 않는다.)

- [일치(my friend Steve) + 시제(현재완료) + 응용(sneakers)]

  My friend Steve has advised me about choosing sneakers.

  (내 친구 스티브는 나에게 운동화 고르는 것에 대해 충고해줬다.)

5. Where do you study English?

(당신은 어디서 영어를 공부하나요?)

- [일치(the children) + 시제(현재완료)]

  Where have the children studied English?

  (아이들은 어디서 영어를 공부했나요?)

- [일치(Kate) + 응용(why)]

  Why does Kate study English? (케이트는 왜 영어를 공부하나요?)

- [일치(they) + 시제(과거) + 응용(how)]

  How did they study English? (그들은 어떻게 영어를 공부했나요?)

6. How long will you stay in Canada?

(얼마나 오랫동안 캐나다에 머무를 건가요?)

- [일치(she) + 시제(현재완료진행)]

  How long has she been staying in Canada?

  (그녀는 캐나다에서 얼마나 머무르고 있나요?)

- [시제(과거) + 응용(when)]

  When did you stay in Canada? (당신은 언제 캐나다에서 머물렀나요?)

- [일치(her aunt) + 시제(과거) + 응용(why)]

  Why did her aunt stay in Canada? (그녀의 이모는 왜 캐나다에서 머물렀나요?)

7. She hates people who are selfish.

(그녀는 이기적인 사람들을 싫어한다.)

- [일치(everybody) + 의문]

  Does everybody hate people who are selfish?

  (모든 사람들이 이기적인 사람을 싫어하니?)

- [시제(과거) + 응용(arrogant)]

  She hated people who are arrogant. (그녀는 거만한 사람들을 싫어했다.)

- [일치(Cindy and her sister) + 의문 + 응용(lazy)]

  Do Cindy and her sister hate people who are lazy?

  (신디와 걔 여동생은 게으른 사람들을 싫어하니?)

8. I found the coat my mom likes.

(나는 우리 엄마가 좋아하는 외투를 발견했다.)

- [일치(you) + 의문]

  Did you find the coat your mom likes?

  (너희 엄마가 좋아하시는 외투를 찾았니?)

- [일치(Steve) + 부정]

  Steve did not find the coat his mom likes.

  (스티브는 자기 엄마가 좋아하는 외투를 찾지 못했다.)

- [일치(they) + 시제(현재완료) + 응용(blouse)]

  They have found the blouse their mom likes.

  (그들은 자기네 엄마가 좋아하는 블라우스를 찾았다.)

9. I'm thinking about what Jordan said.

(나는 조던이 한 말을 생각하고 있다.)

- [일치(Kate) + 의문]

  Is Kate thinking about what Jordan said?

  (케이트는 조던이 한 말을 생각하고 있니?)

- [일치(Kate and I) + 시제(과거) + 부정]

  Kate and I were not thinking about what Jordan said.

  (케이트와 나는 조던이 한 말을 생각하고 있지 않았다.)

- [일치(the girl) + 시제(현재완료) + 의문]

  Has the girl thought about what Jordan said?

  (그 소녀는 조던이 한 말을 생각해봤니?)

10. As soon as she opens the door, a cat runs out.

(그녀가 문을 열자마자 고양이 한 마리가 뛰쳐나간다.)

- [일치(his brother) + 시제(미래 · will)]

  As soon as his brother opens the door, a cat will run out.

  (그의 형이 문을 열자마자 고양이가 뛰쳐나갈 것이다.)

- [일치(we) + 응용(two kittens)]

  As soon as we open the door, two kittens run out.

  (우리가 문을 열자마자 새끼 고양이 두 마리가 뛰쳐나간다.)

- [일치(the boy) + 시제(과거) + 응용(dog)]

  As soon as the boy opened the door, a dog ran out.

  (그 소년이 문을 열자마자 개 한 마리가 뛰쳐나갔다.)

센텐스 - 빌딩, 영어 회화 정말 잘하고 싶은 사람들에게 권함

초판 1쇄 인쇄 | 2018년 4월 16일
초판 1쇄 발행 | 2018년 4월 25일

지은이 | 박광희
발행인 | 박효상
총괄이사 | 이종선
편집장 | 김현
편 집 | 김설아, 김효정, 김지희
디자인 | 김보연, 김성엽의 디자인모아 조판 | 조영라
마케팅 | 이태호, 이전희 관리 | 김태옥

종이 | 월드페이퍼 인쇄 · 제본 | 현문자현
출판등록 | 제10-1835호
발행처 | 사람in
주소 | 04034 서울시 마포구 양화로11길 14-10(서교동) 4F
전화 | 02) 338-3555(代) 팩스 | 02) 338-3545
E-mail | saramin@netsgo.com
Homepage | www.saramin.com

:: 책값은 뒤표지에 있습니다.
:: 파본은 바꾸어 드립니다.

ⓒ 박광희 2018

ISBN 978-89-6049-670-5 03320